Christiane Schlüter

•

Bibelsprüche für Führungskräfte

CHRISTIANE SCHLÜTER

BIBELSPRÜCHE FÜR FÜHRUNGSKRÄFTE

Die 650 besten Zitate

Linde
international

Bibliografische Information Der Deutschen Bibliothek

Die Deutsche Bibliothek verzeichnet diese Publikation in der Deutschen Nationalbibliografie; detaillierte bibliografische Daten sind im Internet über http://dnb.ddb.de abrufbar.

ISBN 3-7093-0064-9

Umschlag: AG MEDIA GmbH
Covergestaltung: Dunkl Corporate Design
Coverfoto: ARCHIVI ALINARI/BRIDGEMAN, FLORENCE
Koordination: Medienagentur Gerald Drews
LINDE VERLAG WIEN Ges.m.b.H., Wien 2005
1210 Wien, Scheydgasse 24, Tel.: 0043/1/24 630
www.lindeverlag.at

Druck: Hans Jentzsch & Co. GmbH., 1210 Wien, Scheydgasse 31

So nahmen wir uns vor, die, die gern lesen, zu unterhalten,
denen, die mit Eifer auswendig lernen, zu helfen,
allen aber, die das Buch auf irgendeine Weise in die Hand bekommen,
zu nützen.

2 Makk 2,25

Im Übrigen, mein Sohn, lass dich warnen!
Es nimmt kein Ende mit dem vielen Bücherschreiben
und viel Studieren ermüdet den Leib.

Koh 12,12

INHALT

BIBLISCHES ABKÜRZUNGSVERZEICHNIS

Gen	Genesis (1. Buch Mose)
Ex	Exodus (2. Buch Mose)
Lev	Leviticus (3. Buch Mose)
Num	Numeri (4. Buch Mose)
Dtn	Deuteronomium (5. Buch Mose)
Jos	Josua
1 Kön	1. Buch der Könige
2 Kön	2. Buch der Könige
Esra	Esra
Neh	Nehemia
Tob	Tobit
Jdt	Judit
Est	Ester
1 Makk	1. Makkabäerbuch
2 Makk	2. Makkabäerbuch
Hiob	Hiob
Ps	Psalmen
Spr	Sprüche (Salomos)/ Sprichwörter
Koh	Kohelet (Prediger Salomo)
Weish	Weisheit (Salomos)
Sir	Jesus Sirach
Jes	Jesaja
Jer	Jeremia
Klgl	Klagelieder
Bar	Baruch
Ez	Ezechiel (Hesekiel)
Dan	Daniel
Hos	Hosea
Joel	Joel
Am	Amos
Obd	Obadja
Mi	Micha
Hab	Habakuk
Sach	Sacharja
Mt	Matthäus-Evangelium
Mk	Markus-Evangelium
Lk	Lukas-Evangelium
Joh	Johannes-Evangelium
Apg	Apostelgeschichte
Röm	Römerbrief
1 Kor	1. Korintherbrief
2 Kor	2. Korintherbrief
Gal	Galaterbrief
Eph	Epheserbrief
Phil	Philipperbrief
Kol	Kolosserbrief
1 Thess	1. Thessalonicherbrief
2 Thess	2. Thessalonicherbrief
1 Tim	1. Timotheusbrief
2 Tim	2. Timotheusbrief
Hebr	Hebräerbrief
Jak	Jakobusbrief
1 Petr	1. Petrusbrief
2 Petr	2. Petrusbrief
1 Joh	1. Johannesbrief
2 Joh	2. Johannesbrief
3 Joh	3. Johannesbrief
Offb	Offenbarung des Johannes

VORWORT

Dieses Buch zu machen war ein echtes Abenteuer. Warum? Weil es hier um zwei Welten ging, die scheinbar unendlich weit voneinander entfernt liegen: die Bibel und das moderne Arbeitsleben. Auf der einen Seite der bäuerliche, fromme und dabei sehr handfeste Mikrokosmos des Alten Orients. Und auf der anderen Seite die nüchterne und trotzdem spannungsreiche Welt der Betriebe, Banken, Unternehmen und Behörden. Dort: Schafhirten, Weinbauern, Dorfälteste, Kriegshelden und Propheten – eine bunte Mischung. Hier: Handwerksmeister, Abteilungsleiterinnen, Unternehmerinnen, Manager – sachlich denkende, zielorientierte Führungsleute.

Und doch hat die Bibel den Führungskräften von heute viel zu sagen. Das Buch der Bücher und unser modernes Arbeitsleben – sie haben mehr miteinander zu tun, als es auf den ersten Blick scheint. Ist doch die Bibel in ihrer Sicht auf die Welt und den Menschen ebenso illusionslos, pragmatisch und gleichwohl anspruchsvoll, wie auch Führungskräfte es sein müssen. Und die Gesellschaft damals war auch nur scheinbar fest gefügt – in Wahrheit befand sie sich ebenso im Umbruch wie unsere Arbeitswelt heute mit ihren immer rascher sich wandelnden Strukturen.

In Zeiten der Veränderung ist es besonders wichtig, ein tragfähiges Fundament zu haben: Werte, Überzeugungen und Erfahrungen. Und die bietet die Bibel in reichlichem Maß. Nutzen Sie diesen Schatz! Bedienen Sie sich bei dem streitbaren Propheten Amos, bei dem ironisch-humorvollen Gelehrten Jesus Sirach oder bei Paulus, dem knorrigen Apostel mit der großen Menschenkenntnis! Ob Projektstarts, Resümees, schlichte Konferenzen oder feierliche Verabschiedungen: In diesem Buch finden Sie das richtige Wort zum jeweiligen Anlass. Aha-Effekte sind garantiert. Goethe zitieren kann schließlich jeder – Sie verfügen über einen größeren Fundus.

Doch Führung hat auch – das wissen Sie selbst am besten – nicht nur etwas mit offiziellen Reden zu tun, sondern darüber hinaus mit dem, was im kleineren Rahmen gesagt und vorgelebt wird, bei Begegnungen auf dem Flur, bei kurzen Zusammenkünften und informellen Besprechungen. Auch hier kann ein Bibelzitat oft nützlich sein. Es lockert auf, sorgt für Pointen und hilft, die eigene Meinung auf den Punkt zu bringen. Sicher finden Sie beim Durchschmökern des Buches Ihre persönlichen Lieblingssprüche für diese alltäglichen Gelegenheiten.

Noch einige Erläuterungen zum Gebrauch des Buches: Die Sprüche sind zunächst thematisch geordnet und innerhalb der einzelnen Kapitel dann in der Reihenfolge, in der sie in der Bibel vorkommen. Auf diese Weise findet man schneller etwas wieder. Manchmal ist nicht der komplette Bibelvers zitiert, weil das nicht in den Zusammenhang gepasst hätte. Die fehlenden Versteile sind aber durch Auslassungspunkte kenntlich gemacht.

Bei einigen Zitaten war es auch nötig, eine kleine Erläuterung oder Interpretationshilfe anzufügen. Schließlich sollen Sie gut gerüstet sein, falls Sie jemanden noch Bibelfesteren in Ihrer Zuhörerschaft sitzen haben. Zusätzlich finden Sie im Anhang Wissenswertes über die biblischen Bücher, aus denen die Zitate stammen. Das kann sehr spannend sein – wussten Sie zum Beispiel, dass Israel zur Zeit des Alten Testaments ebenso geteilt war wie Deutschland im 20. Jahrhundert? Nur dauerte jene Teilung fünfmal so lange ...

Und jetzt wünsche ich Ihnen viel Vergnügen beim Blättern und Stöbern, beim Zitieren und vielleicht ja auch beim weiteren Nachlesen in der Bibel, diesem so reichen Buch, das wie kein anderes unsere Kultur und unser Selbstverständnis geprägt hat.

Christiane Schlüter

I. AKTION

Was ist notwendig, damit aus Visionen Tatsachen werden und aus Ideen Erfolge? In diesem ersten Kapitel geht es um die Aktion und ihre Voraussetzungen. Es genügt nicht, eine gute Idee zu haben – man muss auch über die Substanz zu ihrer Umsetzung verfügen. Damit sind nicht nur Wissen und Kenntnis gemeint, sondern überdies Verhandlungsgeschick und ein gutes Netzwerk aus Ratgebern: Tatsächlich findet das hochaktuelle Thema „Berater" seine kritische Kommentierung bereits im Alten Testament. Weshalb man so manchem glücklosen, an Beraterverträgen gescheiterten Politiker wünschen würde, er hätte seine Bibel besser gelesen ...

Ist dann alles bedacht und erwogen, gilt es zu entscheiden. In der Beschreibung dessen, was bei Entscheidungsprozessen alles mitspielt, erweisen sich die Verfasser des Alten und Neuen Testaments als Meister der Menschenkenntnis. Dass aber die beste Entscheidung vergeblich ist, berücksichtigt man nicht Effizienz und Außenwirkung, versteht sich von selbst. Und am Schluss steht – hoffentlich – der Erfolg, die positive Bilanz. Wobei realistischerweise auch dem dunklen Gegenspieler, dem Misserfolg, ein paar Zitate gelten müssen.

IDEEN, ZIELE, VISIONEN

Preise Gott, den Herrn, zu jeder Zeit; bitte ihn, dass dein Weg geradeaus führt und dass alles, was du tust und planst, ein gutes Ende nimmt. (...)

Tob 4,19

Käme doch, was ich begehre, und gäbe Gott, was ich erhoffe.

Hiob 6,8

Wer sein Feld bestellt, wird satt von Brot, wer nichtigen Dingen nachjagt, ist ohne Verstand.

Spr 12,11

Des Menschen Herz plant seinen Weg, doch der Herr lenkt seinen Schritt.

Spr 16,9

Viele Pläne fasst das Herz des Menschen, doch nur der Ratschluss des Herrn hat Bestand.

Spr 19,21

Ein tiefes Wasser sind die Pläne im Herzen des Menschen, doch der Verständige schöpft es herauf.

Spr 20,5

TIPP *Heute würde man stattdessen von Kreativität sprechen.*

Wohl euch! Ihr könnt an allen Gewässern säen und eure Rinder und Esel frei laufen lassen.

Jes 32,20

TIPP *Der Prophet beschreibt ein glückliches Land – heute würde man sagen: ein Leben in Freiheit und Demokratie. Und dabei gedeihen visionäres Denken und Handeln immer noch am besten.*

(...) Achte also auf das Wort und begreife die Vision.

Dan 9,23

TIPP *So sprach einst der Engel zu Daniel (dem Propheten, der heil wieder aus der Löwengrube herauskam) – und so sprechen heute Führungskräfte.*

Weh dem, der für sein Haus unrechten Gewinn sucht und sich hoch droben sein Nest baut, um dem drohenden Unheil zu entgehen. (...) Es schreit der Stein in der Mauer und der Sparren im Gebälk gibt ihm Antwort.

Hab 2,9.11

Keiner, der die Hand an den Pflug gelegt hat und nochmals zurückblickt, taugt für das Reich Gottes.

Lk 9,62

TIPP *Ziemlich radikal, diese Forderung Jesu an seine Jünger. Aber er hat Recht: Wer ans Ziel kommen will, sollte den Blick nicht nach rückwärts wenden.*

Wisst ihr nicht, dass die Läufer im Stadion zwar alle laufen, aber dass nur einer den Siegespreis gewinnt? Lauft so, dass ihr ihn gewinnt.

1 Kor 9,24

TIPP *Paulus vergleicht hier die Christen mit Sportlern: Beide müssten enthaltsam leben, um ihr Ziel zu erreichen.*

(...) Ich bilde mir nicht ein, dass ich es schon ergriffen hätte. Eines aber tue ich: Ich vergesse, was hinter mir liegt, und strecke mich nach dem aus, was vor mir ist.

Phil 3,13

TIPP *Die große Vision des Paulus war es, bei Christus zu sein. Machen Sie es wie er: Vergessen Sie für Ihre Vision, was hinter Ihnen liegt, und konzentrieren Sie sich auf das Ziel.*

Wer aber reich werden will, gerät in Versuchungen und Schlingen, er verfällt vielen sinnlosen und schädlichen Begierden, die den Menschen ins Verderben und in den Untergang stürzen. Denn die Wurzel aller Übel ist die Habsucht. Nicht wenige, die ihr verfielen, sind vom Glauben abgeirrt und haben sich viele Qualen bereitet.

1 Tim 6,9

TIPP *Ein Beispiel für zerstörerische Visionen.*

In ihr (der Hoffnung) haben wir einen sicheren und festen Anker der Seele (...).

Hebr 6,19

WISSEN, ERFAHRUNG, KOMPETENZ

(...) es ist der Geist im Menschen, des Allmächtigen Hauch, der ihn verständig macht. Die alt an Jahren sind, nicht immer sind sie weise, noch Greise stets des Rechten kundig.

Hiob 32,8-9

Der Ruhm der Jungen ist ihre Kraft, die Zier der Alten ihr graues Haar.

Spr 20,29

TIPP *... und unter dem grauen Haar steckt hoffentlich ein kluger Kopf.*

(...) Viel Wissen, viel Ärger, wer das Können mehrt, der mehrt die Sorge.

Koh 1,18

Wissen ist so viel wert wie Erbbesitz, (...) denn wer sich im Schatten des Wissens birgt, der ist auch im Schatten des Geldes; aber das ist der Vorteil des Könnens: Das Wissen erhält seinen Besitzer am Leben.

Koh 7,11-12

Wenn die Axt stumpf geworden ist und ihr Benutzer hat sie nicht vorher geschliffen, dann braucht er mehr Kraft – Wissen hätte ihm den Vorteil gebracht, dass er sein Werkzeug vorbereitet hätte.

Koh 10,10

TIPP *Rationelles Arbeiten erfordert Sachkenntnis.*

Die Äste, die noch schwach sind, werden geknickt; ihre Frucht ist unbrauchbar, unreif und ungenießbar, zu gar nichts geeignet.

Weish 4,5

Schlechtes zu kennen ist keine Weisheit (...).

Sir 19,22

Wer viel gereist ist, hat reiches Wissen, und der Erfahrene redet verständig. Wer nichts erfahren hat, weiß wenig, der Vielgereiste nimmt zu an Klugheit.

Sir 34,9-11

Arbeiten muss auch der Handwerker und Künstler, der Tag und Nacht beschäftigt ist, der Siegelringe schneidet oder dessen Aufgabe es ist, in das bunte Gewebe Abwechslung zu bringen, der seinen Sinn auf die Wiedergabe des Musters richtet und darauf bedacht ist, das Werk schön zu vollenden. Ebenso der Schmied, der am Amboss sitzt und auf die eisernen Geräte achtet, dem der Hauch des Feuers das Fleisch schmelzen lässt und den die Hitze des Ofens durchglüht. (...) Ebenso der Töpfer, der vor seiner Arbeit sitzt und mit seinen Füßen die Scheibe dreht, der unaufhörlich um seine Arbeit besorgt ist und dessen ganzer Eifer der großen Anzahl gilt. (...) Sie alle verlassen sich auf ihre Hände und jeder ist erfahren in seinem Geschäft. Ohne sie wird keine Stadt besiedelt und wo sie sich niederlassen, hungern sie nicht.

Sir 38,27-32

Ich öffne meinen Mund und sage (...): Erwerbt euch Weisheit, es kostet nichts. Beugt euren Nacken unter ihr Joch und nehmt ihre Last auf euch! Denen, die sie suchen, ist sie nahe, und wer sich ihr ganz hingibt, der findet sie.

Sir 51,25-26

Weh denen, die in ihren eigenen Augen weise sind und sich selbst für klug halten.

Jes 5,21

Das Herz der Unbesonnenen gewinnt Erkenntnis und Einsicht, die Zunge der Stammelnden redet wieder deutlich und klar.

Jes 32,4

TIPP *So beschrieb Jesaja die Bewohner des künftigen Gottesreichs. Für die heutige Arbeitswelt lehrt dieser Vers: Eine präzise Ausdrucksweise zeugt von Kompetenz.*

(...) Wenn ein Blinder einen Blinden führt, werden beide in eine Grube fallen.

Mt 15,14

(...) Was wir wissen, davon reden wir, und was wir gesehen haben, das bezeugen wir (...).

Joh 3,11

TIPP *So argumentierte Jesus im Gespräch mit einem Zweifelnden, mit dem Pharisäer Nikodemus. Ein gutes Zitat, um klar zu machen: Hier wird auf der Grundlage von Erfahrungen gesprochen.*

Urteilt nicht nach dem Augenschein (...).

Joh 7,24

Sie behaupteten, weise zu sein, und wurden zu Toren.

Röm 1,22

TIPP *Die Rede ist hier von der Menschheit, die, statt an Gott zu glauben, sich selbst für unfehlbar hält – die größte Sünde, die man aus der Sicht der Bibel begehen kann.*

Wenn einer meint, er sei zur Erkenntnis gelangt, hat er noch nicht so erkannt, wie man erkennen muss.

1 Kor 8,2

TIPP *Wie sagte Sokrates? „Ich weiß, dass ich nichts weiß."*

Denn Stückwerk ist unser Erkennen (...).

1 Kor 13,8

Seid doch nicht Kinder an Einsicht, Brüder! Seid Unmündige an Bosheit, an Einsicht aber seid reife Menschen!

1 Kor 14,20

Darum setzt allen Eifer daran, mit eurem Glauben die Tugend zu verbinden, mit der Tugend die Erkenntnis, mit der Erkenntnis die Selbstbeherrschung, mit der Selbstbeherrschung die Ausdauer, mit der Ausdauer die Frömmigkeit, mit der Frömmigkeit die Brüderlichkeit und mit der Brüderlichkeit die Liebe.

2 Petr 1,5

VORBEREITUNG, BERATUNG

Wohl dem Mann, der nicht dem Rat der Frevler folgt, nicht auf dem Weg der Sünder geht, nicht im Kreis der Spötter sitzt.

Ps 1,1

Die Pläne des Fleißigen bringen Gewinn, doch der hastige Mensch hat nur Mangel.

Spr 21,5

Am Morgen beginne zu säen, auch gegen Abend lass deine Hand noch nicht ruhen; denn du kannst nicht im Voraus erkennen, was Erfolg haben wird, das eine oder das andere, oder ob sogar beide zugleich zu guten Ergebnissen führen.

Koh 11,6

Stell deine Überlegungen zusammen mit Verständigen an und berate alles in ihrem Kreis.

Sir 9,15

Wer bedauert den Schlangenbeschwörer, wenn er gebissen wird, und den, der sich reißenden Tieren nähert?

Sir 12,13

TIPP *Vorsicht ist die Mutter der Porzellankiste.*

Holzgebälk, eingelassen ins Mauerwerk, löst sich bei keiner Erschütterung: So ist ein Herz, gestützt auf überlegten Rat; zu keiner Zeit verzagt es.

Sir 22,16

Jeder Ratgeber weist mit der Hand die Richtung, doch mancher rät einen Weg zum eigenen Vorteil. Hüte dich vor dem Ratgeber! Erforsche zuerst, was seine Absicht ist. Denn auch er denkt an sich selbst (...). Doch berate dich mit einem stets Besonnenen, von dem du weißt, dass er die Gebote hält, mit einem, dessen Herz denkt wie dein Herz und der dir hilft, wenn du strauchelst. Doch achte auch auf den Rat deines Gewissens. Wer ist dir treuer als dieses? Das Gewissen des Menschen gibt ihm bessere Auskunft als sieben Wächter auf der Warte. Bei alledem bete zu Gott! Er wird in Treue deine Schritte lenken.

Sir 37,7-8.12-15

Schäme dich nicht (...) der Abrechnung mit dem Geschäftsfreund und dem Kaufmann, der Verteilung von Erbe und Besitz, der Säuberung von Waagschalen und Waage, der Reinigung von Maß und Gewicht, des Einkaufs, ob viel oder wenig, des Handelns um den Kaufpreis mit dem Krämer, (...) ein Verzeichnis aufzustellen, wenn du etwas hinterlegt hast, auch Einnahme und Ausgabe immer aufzuschreiben (...). Dann bist du in Wahrheit vorsichtig und ein behutsamer Mann vor den Augen aller Menschen.

Sir 42,1.3-5.7-8

Du hast dir große Mühe gemacht mit deinen vielen Beratern; sollen sie doch auftreten und dich retten, sie, die den Himmel deuten und die Sterne betrachten, die dir an jedem Neumond verkünden, was kommt.

Jes 47,13

TIPP *Der Prophet Jesaja predigte während des Babylonischen Exils (6. Jh. v. Chr.) gegen die Siegermacht Babel und spottete über ihre Selbstsicherheit. Auch heute muss man nicht jedem glauben, der von sich behauptet, er hätte den Durchblick.*

Schärft die Pfeile, füllt die Köcher! (...)

Jer 51,11

TIPP *Dieser reichlich militaristische Aufruf fiel während der Unterdrückung Judas durch das Babylonische Exil (6. Jh. v. Chr.).*

Würde einer sich nach dem Wind drehen und dir vorlügen: Ich prophezeie dir Wein und Bier! Das wäre ein Prophet für dieses Volk.

Mi 2,11

TIPP *Umgekehrt ist guter Rat nicht immer angenehm.*

Bedenkt: Wenn der Herr des Hauses wüsste, zu welcher Stunde in der Nacht der Dieb kommt, würde er wach bleiben und nicht zulassen, dass man in sein Haus einbricht.

Mt 24,43

Er ist wie ein Mann, der ein Haus baute und dabei die Erde tief aushob und das Fundament auf einen Felsen stellte. Als nun ein Hochwasser kam und die Flutwelle gegen das Haus prallte, konnte sie es nicht erschüttern, weil es gut gebaut war.

Lk 6,48

TIPP *Wer an ihn glaubt, so sagte Jesus, hat festen Halt. Und eine gute Grundlage ist weiß Gott nicht nur im Glauben wichtig. Der Vers gehört zur Feldrede, die bei Lukas das Gegenstück zur Bergpredigt des Matthäus-Evangeliums ist.*

Legt euren Gürtel nicht ab und lasst eure Lampen brennen.

Lk 12,35

TIPP *Zur Zeit Jesu war dies ein Bild für Wachsamkeit und gute Vorbereitung.*

Wer in den kleinsten Dingen zuverlässig ist, der ist es auch in den großen, und wer bei den kleinsten Dingen Unrecht tut, der tut es auch bei den großen.

Lk 16,10

Wer also zu stehen meint, der gebe Acht, dass er nicht fällt.

1 Kor 10,12

Darum wollen wir nicht schlafen wie die anderen, sondern wach und nüchtern sein. Denn wer schläft, schläft bei Nacht, und wer sich betrinkt, betrinkt sich bei Nacht. Wir aber, die dem Tag gehören, wollen nüchtern sein.

1 Thess 5,6

VERHANDLUNG

Schlecht, schlecht, sagt der Käufer; geht er aber weg, so rühmt er sich.

Spr 20,14

Wer schnell vertraut, ist leichtfertig (...).

Sir 19,4

Seht, ich sende euch wie Schafe mitten unter die Wölfe; seid daher klug wie die Schlangen und arglos wie die Tauben!

Mt 10,16

TIPP *Das sagte Jesus, als er seine zwölf Jünger auswählte. Ein Ratschlag, den man auch heute noch in Verhandlungen gut gebrauchen kann.*

Hier braucht man Kenntnis. Wer Verstand hat, berechne den Zahlenwert (...).

Offb 13,18

TIPP *Dieser nüchterne Satz lässt nicht erkennen, dass er zu einer der Visionen der Apokalypse gehört. Beschrieben wird dort das Auftreten eines großen Tieres, das allen Menschen sein Zeichen in Zahlen auf Hand oder Stirn prägt. Dieses Kennzeichen sollte wie ein Rätsel entschlüsselt werden.*

ENTSCHEIDUNG

(...) Wir werden die Königsstraße benutzen und weder rechts noch links davon abbiegen (...).

Num 20,17

TIPP *Die „Straße der Könige“ ist eine uralte Verkehrsverbindung, die sich östlich des Toten Meers, im heutigen Jordanien, von Norden nach Süden Richtung Petra zieht. Parallel zu dem kurvenreichen Weg, der zahlreiche Wadis kreuzt, verläuft heute eine Autobahn. Der „Königsweg“ ist ein stehender Begriff für den idealen, wünschenswertesten Weg geworden.*

(...) Wie lange noch schwankt ihr nach zwei Seiten? (...)

1 Kön 18,21

TIPP *Der Prophet Elia (9. Jh. v. Chr.) stellte das Volk Israel vor die Wahl, ob es den wahren Gott Jahwe oder den heidnischen Baal anbeten wolle.*

(...) was meine Lippen gesprochen haben, will ich nicht ändern.

Ps 89,35

Alles hat seine Stunde. Für jedes Geschehen unter dem Himmel gibt es eine bestimmte Zeit.

Koh 3,1

Der Schlangenbeschwörer hat keinen Vorteil, wenn die Schlange beißt, bevor er sie beschworen hat.

Koh 10,11

TIPP *Es kommt immer auf den richtigen Zeitpunkt an.*

Worfle nicht bei jedem Wind und geh nicht auf jedem Pfad. Bleib fest bei deiner Überzeugung, eindeutig sei deine Rede.

Sir 5,9-10

TIPP *Nach dem Dreschen wurde das Getreide mit der Worfschaufel gegen den Wind geworfen, so dass die Spreu verweht wurde und die Körner zu Boden fielen.*

Er hat am Anfang den Menschen erschaffen und ihn der Macht der eigenen Entscheidung überlassen. (...) Feuer und Wasser sind vor dich hingestellt; streck deine Hände aus nach dem, was dir gefällt.

Sir 15,14

TIPP *Mit „er“ ist natürlich Gott gemeint.*

Die Rede des Frommen ist immer gut, der Tor aber ändert sich wie der Mond.

Sir 27,11

Der Anfang eines jeden Werkes ist das Wort, der Anfang jeder Tat die Überlegung. Die Wurzel der Pläne ist das Herz.

Sir 37,16-17

Mach einen Plan, triff eine Entscheidung! (...)

Jes 16,3

Du hast den Bogen aus der Hülle genommen, du hast den Pfeil auf die Sehne gelegt (...).

Hab 3,9

TIPP *Jetzt kann das Projekt gestartet werden.*

Euer Ja sei ein Ja, euer Nein sei ein Nein; alles andere stammt vom Bösen.

Mt 5,37

TIPP *Wichtig zu wissen: Dieser Vers ist Teil der Bergpredigt.*

Niemand kann zwei Herren dienen; er wird entweder den einen hassen und den andern lieben oder er wird zu dem einen halten und den andern verachten. (...)

Mt 6,24

TIPP *Entscheidungen brauchen Eindeutigkeit. Auch Jesus rief in der Bergpredigt dazu auf, eindeutig zu sein und Prioritäten zu setzen (in diesem konkreten Fall zwischen Gott und dem Geld. Der Vers geht nämlich so weiter: „Ihr könnt nicht beiden dienen, Gott oder dem Mammon").*

(...) Was du tun willst, das tu bald!

Joh 13,27

TIPP *Jesus forderte sogar Judas, als der ihn verraten wollte, auf, sein Vorhaben zügig umzusetzen.*

(...) ihre Gedanken klagen sich gegenseitig an und verteidigen sich.

Röm 2,15

TIPP *Einfach klassisch, wie Paulus Menschen in Konfliktsituationen beschrieben hat. Heute würde man vom inneren Team sprechen.*

Die Überzeugung, die du selbst hast, sollst du vor Gott haben. Wohl dem, der sich nicht zu verurteilen braucht bei dem, was er für recht hält.

Röm 14,22

Wir sollen nicht mehr unmündige Kinder sein, ein Spiel der Wellen, hin und her getrieben von jedem Widerstreit der Meinungen, dem Betrug der Menschen ausgeliefert, der Verschlagenheit, die in die Irre führt.

Eph 4,14

TIPP *Wer ohne festen Standpunkt ist, macht sich angreifbar.*

(...) Wer zweifelt, ist wie eine Welle, die vom Wind im Meer hin und her getrieben wird. (...) Ein solcher Mensch ist ein Mann mit zwei Seelen, unbeständig auf all seinen Wegen.

Jak 1,6.8

Meine Brüder, was nützt es, wenn einer sagt, er habe Glauben, aber es fehlen die Werke? Kann etwa der Glaube ihn retten? (...) So ist auch der Glaube für sich allein tot, wenn er nicht Werke vorzuweisen hat.

Jak 2,14.17

EFFIZIENZ

Benjamin ist ein reißender Wolf: Am Morgen frisst er die Beute, am Abend teilt er den Fang.

Gen 49,27

TIPP *Effektiver geht es nicht ... Benjamin ist übrigens der jüngste der zwölf Söhne Jakobs, nach denen die Stämme Israels benannt sind. Das Zitat gehört zu den Segenssprüchen des sterbenden Jakob für seine Söhne.*

Du sollst nicht Ochse und Esel zusammen vor den Pflug spannen.

Dtn 22,10

Dieses Gebot, auf das ich dich heute verpflichte, geht nicht über deine Kraft und ist nicht fern von dir. Es ist nicht im Himmel, so dass du sagen müsstest: Wer steigt für uns in den Himmel hinauf, holt es herunter und verkündet es uns, damit wir es halten können? Es ist auch nicht jenseits des Meeres, so dass du sagen müsstest: Wer fährt für uns über das Meer, holt es herüber und verkündet es uns, damit wir es halten können? Nein, das Wort ist ganz nah bei dir, es ist in deinem Mund und in deinem Herzen, du kannst es halten.

Dtn 30,11-14

TIPP *Das Deuteronomium oder auch 5. Buch Mose ist als Rede des Mose stilisiert, der hier dem Volk Israel noch einmal das Gesetz darlegt, das Gott ihm auf dem Sinai mitgeteilt hat. Die hier zitierten Verse besagen: Viele Dinge sind in der Umsetzung letztlich nicht so schwierig, wie es auf den ersten Blick vielleicht scheinen mag.*

Verwehtes Laub willst du noch scheuchen, dürre Spreu noch forttreiben?

Hiob 13,25

TIPP *Man sollte nur dort Energie investieren, wo es sich lohnt.*

Wer im Sommer sammelt, ist ein kluger Mensch; in Schande gerät, wer zur Erntezeit schläft.

Spr 10,5

Aufziehende Wolken mit Wind, doch kein Regen, so ist ein Mann, der Versprechungen macht und nicht hält.

Spr 25,14

Es ist besser, wenn du nichts gelobst, als wenn du etwas gelobst und nicht erfüllst.

Koh 5,4

Wer ständig nach dem Wind schaut, kommt nicht zum Säen, wer ständig die Wolken beobachtet, kommt nicht zum Ernten.

Koh 11,4

Spiel nicht den Weisen, wenn du arbeiten sollst (...).

Sir 10,26

(...) Nehmt Neuland unter den Pflug und sät nicht in die Dornen!

Jer 4,3

TIPP *Was Gott seinem Volk rät, hat auch heute noch Bestand.*

Schwingt die Sichel; denn die Ernte ist reif. (...)

Joel 4,13

Brüllt der Löwe im Wald und er hat keine Beute? Gibt der junge Löwe Laut in seinem Versteck, ohne dass er einen Fang getan hat? Fällt ein Vogel zur Erde, wenn niemand nach ihm geworfen hat? Springt die Klappfalle vom Boden auf, wenn sie nichts gefangen hat?

Am 3,4-5

Rennen denn Pferde über die Felsen oder pflügt man mit Ochsen das Meer?

Am 6,12

Sorgt euch also nicht um morgen; denn der morgige Tag wird für sich selbst sorgen. Jeder Tag hat genug eigene Plage.

Mt 6,34

TIPP *Dieser Vers aus der Bergpredigt, der zu Gottvertrauen auffordert, kann auch ganz profan übersetzt werden: „Eins nach dem anderen."*

Blinde Führer seid ihr: Ihr siebt Mücken aus und verschluckt Kamele.

Mt 23,24

TIPP *Mit dieser Aussage Jesu über die Pharisäer lässt sich auch heute noch treffend das Gegenteil von Effizienz beschreiben.*

Es gibt keinen guten Baum, der schlechte Früchte hervorbringt, noch einen schlechten Baum, der gute Früchte hervorbringt. Jeden Baum erkennt man an seinen Früchten.

Lk 6,43-44

(...) Wem viel gegeben wurde, von dem wird viel zurückgefordert werden, und wem man viel anvertraut hat, von dem wird man umso mehr verlangen.

Lk 12,48

Nutzt die Zeit; denn diese Tage sind böse.

Eph 5,16

Hört das Wort nicht nur an, sondern handelt danach; sonst betrügt ihr euch selbst. Wer das Wort nur hört, aber nicht danach handelt, ist wie ein Mensch, der sein eigenes Gesicht im Spiegel betrachtet: Er betrachtet sich, geht weg und schon hat er vergessen, wie er aussah.

Jak 1,22-23

TIPP *Mit dem „Wort“ ist hier die Botschaft von Jesus Christus gemeint. Aber muss nicht immer dem Hören das Tun folgen?*

Wer also das Gute tun kann und nicht tut, der sündigt.

Jak 4,17

AUSSENWIRKUNG, IMAGEPFLEGE, PR

Isst man denn ungesalzene Speise? Wer hat Geschmack an fadem Schleim?

Hiob 6,6

TIPP *Der Kunde sicher nicht. Also: nachwürzen!*

Hörte mich ein Ohr, pries es mich glücklich, das Auge, das mich sah, stimmte mir zu.

Hiob 29,11

Mancher stellt sich reich und hat doch nichts, ein anderer stellt sich arm und hat großen Besitz.

Spr 13,7

Rühmen soll dich ein anderer, nicht dein eigener Mund, ein Fremder, nicht deine eigenen Lippen.

Spr 27,2

Der Schmelztiegel prüft das Silber, der Ofen das Gold, der Mensch aber wird geprüft im Urteil dessen, der ihn lobt.

Spr 27,21

Dräng dich nicht vor, sonst musst du dich wieder zurückziehen; zieh dich aber nicht ganz zurück, sonst wirst du vergessen.

Sir 13,10

Verborgene Weisheit und versteckter Schatz: Was nützen sie beide?

Sir 20,30

Sei besorgt um deinen Namen; denn er begleitet dich treuer als tausend kostbare Schätze. Das Gut des Lebens währt zählbare Tage, das Gut des Namens unzählige Tage.

Sir 41,12-13

(...) Spiele schön und singe viel, damit man an dich denkt.

Jes 23,16

Eine Stadt, die auf einem Berg liegt, kann nicht verborgen bleiben. Man zündet auch nicht ein Licht an und stellt ein Gefäß darüber, sondern man stellt es auf den Leuchter; dann leuchtet es allen im Haus.

Mt 5,14-15

TIPP Diese Verse sind Teil der Bergpredigt – und eine kleine Lektion in Marketing dazu.

Ich sage euch: Viele werden von Osten und Westen kommen (...).

Mt 8,11

Was ich euch im Dunkeln sage, davon redet am hellen Tag, und was man euch ins Ohr flüstert, das verkündet von den Dächern.

Mt 10,27

Das Salz ist etwas Gutes. Wenn das Salz die Kraft zum Salzen verliert, womit wollt ihr ihm seine Würze wiedergeben? Habt Salz in euch und haltet Frieden untereinander!

Mk 9,50

TIPP *Schon Jesus war daran gelegen, dass seine Jünger nach außen Profil zeigten und nach innen zusammenhielten.*

Denn niemand wirkt im Verborgenen, wenn er öffentlich bekannt sein möchte. (...)

Joh 7,4

Wenn leblose Musikinstrumente, eine Flöte oder eine Harfe, nicht deutlich unterschiedene Töne hervorbringen, wie soll man dann erkennen, was auf der Flöte oder auf der Harfe gespielt wird? Und wenn die Trompete unklare Töne hervorbringt, wer wird dann zu den Waffen greifen?

1 Kor 14,7-8

Seid weise im Umgang mit den Außenstehenden, nutzt die Zeit. Eure Worte seien immer freundlich, doch mit Salz gewürzt; denn ihr müsst jedem in der rechten Weise antworten können.

Kol 4,5-6

TIPP *Ein höfliches Benehmen ist die beste Visitenkarte.*

(...) beschwöre sie bei Gott, sich nicht um Worte zu streiten; das ist unnütz und führt die Zuhörer nur ins Verderben.

2 Tim 2,14

TIPP *Schon die ersten Christen wussten: Einigkeit nach außen ist wichtig und Streit macht keinen guten Eindruck – eine Erkenntnis, die im Lauf der Kirchengeschichte leider wieder verloren ging.*

WETTBEWERB

Wenn du vor eine Stadt ziehst, um sie anzugreifen, dann sollst du ihr zunächst eine friedliche Einigung vorschlagen.

Dtn 20,10

TIPP *Der folgende Vers eignet sich nicht, mitzitiert zu werden. Darin wird nämlich gesagt, dass die gesamte Bevölkerung, wenn sie die friedliche Einigung angenommen hat, zum Frondienst verpflichtet werden soll – Hintergrund dieser „feindlichen Übernahme" ist der Kampf Israels um die Einnahme des gelobten Landes Kanaan.*

Verflucht, wer den Grenzstein seines Nachbarn verrückt. (...)

Dtn 27,17

(...) Sagt mir (...), was ist das für ein Volk, das da im Bergland haust? Wie heißen die Städte, die es bewohnt? Wie groß ist die Streitmacht dieser Leute und worin liegt ihre Kraft und Stärke? Wer gebietet über sie als König und Anführer ihres Heeres?

Jdt 5,3

TIPP *Es ist immer wichtig, sein Gegenüber zu kennen. Der assyrische Oberbefehlshaber Holofernes, der hier so genau nach den Judäern fragt, hatte allen Grund, misstrauisch zu sein: Er wurde wenig später von der schönen Judit überlistet und zu Fall gebracht.*

(...) Lasst sie nur bauen! Springt ein Fuchs hinauf, dann reißt er ihre Steinmauer nieder.

Neh 3,35

TIPP *So spotteten die Feinde über die Judäer, die nach der Rückkehr aus dem Babylonischen Exil die Mauern Jerusalems wieder aufbauten (5. Jh. v. Chr.).*

Kämpf nicht gegen einen Reichen an, sonst wirft er zu deinem Verderben sein Geld ins Gewicht. (...)

Sir 8,2

Bring nicht jeden Menschen ins Haus; denn viele Wunden schlägt der Verleumder.

Sir 11,29

TIPP *Vor Werksspionage wird schon im Alten Testament gewarnt.*

Zeigt er sich auch willig und tut unterwürfig, nimm dich in Acht und hüte dich vor ihm! Sei zu ihm wie ein Spiegelputzer und beachte die letzten Spuren des Rostes! Lass ihn nicht an deiner Seite stehen, sonst stürzt er dich und tritt an deine Stelle. Lass ihn nicht zu deiner Rechten sitzen, sonst strebt er nach deinem Sitz. Zu spät begreifst du dann meine Worte und stimmst in meine Klage ein.

Sir 12,11-12

TIPP *Die Rede ist hier von einem Feind und Konkurrenten.*

Wohin schon ein anderer blickt, dahin streck deine Hand nicht aus, sonst triffst du mit ihm in der Schüssel zusammen.

Sir 31,14

Es kann aber auch keiner in das Haus eines starken Mannes einbrechen und ihm den Hausrat rauben, wenn er den Mann nicht vorher fesselt; erst dann kann er sein Haus plündern.

Mk 3,27

Denn wer nicht gegen uns ist, der ist für uns.

Mk 9,40

(...) Wer in den Schafstall nicht durch die Tür hineingeht, sondern anderswo einsteigt, der ist ein Dieb und ein Räuber. Wer aber durch die Tür hineingeht, ist der Hirt der Schafe.

Joh 10,1

TIPP *Jesus warnte vor falschen Heilsbringern. Heute könnte man ebenso gut an feindliche Übernahmen denken.*

ERFOLG UND GLÜCK

(...) Einmal in drei Jahren kam die Tarsisflotte und brachte Gold, Silber, Elfenbein, Affen und Perlhühner.

1 Kö 10,22

TIPP *So sah Gewinnbeteiligung im Alten Testament aus. König Salomo (10. Jh. v. Chr.) war übrigens so unermesslich reich, dass selbst Silber zu seiner Zeit keinen besonderen Wert besaß. Tarsis ist vermutlich mit der Landschaft Tartessos an der zentralen Südküste Spaniens identisch. Die Tarsis-Schiffe Salomos glichen den Mittelmeerschiffen, die dorthin fuhren, kreuzten aber selbst wohl auf dem Roten Meer.*

Es ist der Monat, in dem sich ihr Kummer in Freude verwandelte und ihre Trauer in Glück.

Est 9,22

TIPP *Schön, wenn eine Bilanz so ausfällt.*

(...) In allem, was sie taten, hatten sie Glück.

1 Makk 2,47

TIPP *So berichtet das erste Makkabäerbuch von den aufständischen Juden, die sich gegen die Fremdherrschaft der griechischen Seleukiden wehrten (2. Jh. v. Chr.).*

Uns ist es allerdings nicht leicht gefallen, (...) es hat vielmehr Schweiß und durchwachte Nächte gekostet.

2 Makk 2,26

TIPP *... und das darf ruhig auch mal gesagt werden – hier mit den Worten des Verfassers des zweiten Makkabäerbuches (nach 160 v. Chr.). Der blickt stolz und erleichtert auf seine Arbeit zurück.*

Hoffnung wird dem Geringen zuteil, die Bosheit muss ihr Maul verschließen.

Hiob 5,16

Sie bestellten Felder, pflanzten Reben und erzielten reiche Ernten.

Ps 107,37

TIPP *Wenn Sie einmal zeigen wollen, wie unspektakulär Erfolg aussehen kann, ist dies das richtige Zitat.*

Die Redlichen sehen es und freuen sich, doch alle bösen Menschen verstummen.

Ps 107,42

TIPP *Wer Erfolg hat, der hat Recht, so besagt dieses „Danklied der Erlösten".*

Der Stein, den die Bauleute verwarfen, er ist zum Eckstein geworden.

Ps 118,22

TIPP *Dieser Vers stammt aus einem Danklied. Der Eckstein ist entweder der Schlussstein oder der Grundstein eines Gebäudes. Dem Bild vom Stein, der erst verworfen und dann zum Garanten des Gelingens wird, begegnen wir auch im Neuen Testament mehrfach wieder.*

(...) Sie kommen wieder mit Jubel und bringen ihre Garben ein.

Ps 126,6

Was deine Hände erwarben, kannst du genießen; wohl dir, es wird dir gut ergehen.

Ps 128,2

Hingehaltene Hoffnung macht das Herz krank, erfülltes Verlangen ist ein Lebensbaum.

Spr 13,12

Jede Arbeit bringt Erfolg. (...)

Spr 14,23

Kühles Wasser für eine durstige Kehle ist eine gute Nachricht aus einem fernen Land.

Spr 25,25

Die Ameisen sind kein starkes Volk und besorgen sich doch im Sommer ihr Futter; Klippdachse sind ein Volk ohne Macht und doch bauen sie ihre Wohnung im Fels; die Heuschrecken haben keinen König und doch schwärmen sie alle geordnet aus; Eidechsen fängst du mit der Hand und doch wohnen sie in Königspalästen.

Spr 30,25-28

TIPP *Auch wer klein und scheinbar ohne Einfluss ist, kann sich behaupten, das zeigen diese Beispiele sehr anschaulich. Der Klippdachs oder Klippschliefer (Procavia syriaca) ist übrigens ein wiederkäuender Pflanzenfresser, der von Raubtieren und Greifvögeln bedroht wird. Da er sich nicht verteidigen kann, lebt er in felsigem Gelände, das ihm Schutz bietet. Bei Gefahr warnen Wächtertiere mit schrillen Schreien die Kolonie, die dann in Höhlen verschwindet. In Europa ist der Klippdachs unbekannt.*

Das Glück von heute lässt das Unglück vergessen, das Unglück von heute lässt das Glück vergessen.

Sir 11,25

(...) Gold hast du angehäuft wie Eisen und das Silber vermehrt wie Blei.

Sir 47,18

Wie willkommen sind auf den Bergen die Schritte des Freudenboten, (...) der eine frohe Botschaft bringt und Rettung verheißt (...).

Jes 52,7

TIPP *Es muss nicht immer, wie hier, die Heimkehr aus dem Exil sein. Eine gute Monatsbilanz reicht als Freudenbotschaft auch schon aus!*

(...) Wer Pflanzungen anlegt, darf ihre Früchte genießen.

Jer 31,5

(...) Das ist der Tag, auf den wir hofften. Wir haben ihn erreicht und gesehen.

Klgl 2,16

Lernt etwas aus dem Vergleich mit dem Feigenbaum! Sobald seine Zweige saftig werden und Blätter treiben, wisst ihr, dass der Sommer nahe ist.

Mk 13,28

TIPP *Auch so kann man die Anzeichen des Aufschwungs beschreiben. Wichtig zu wissen: Der Vers ist eigentlich Teil einer Rede Jesu über das Ende der Welt. (Aber das müssen Sie Ihren Zuhörern ja nicht verraten.)*

(...) Was der Mensch sät, wird er ernten.

Gal 6,7

Der Bauer, der die ganze Arbeit tut, soll als Erster seinen Teil von der Ernte erhalten.

2 Tim 2,6

MISSERFOLG UND PECH

(...) Wenn du mich schon ins Trockenland schickst, dann gib mir auch Wasserstellen! (...)

Jos 15,19

TIPP *Um neue Gebiete zu erschließen oder Krisen zu meistern, braucht man Rückhalt und eine feste Basis.*

(...) Der Tod ist im Topf (...).

2 Kö 4,40

TIPP *Falls Sie die Redewendung vom „Tod im Topf" schon kannten – diese nette Geschichte ist der Ursprung: Der Prophet Elischa (ca. 800 v. Chr.) setzte seinen Leuten während einer Hungersnot eine Speise aus unbekannten, vermutlich sehr scharfen Früchten vor. Die Männer kosteten und riefen entsetzt: „Der Tod ist im Topf!" Dann entschärfte Elischa das Essen mit Mehl, so dass es genießbar wurde. Heute sagt man angesichts einer verzwickten Situation oder eines ärgerlichen Vorkommnisses: „Das ist der Tod im Topf!"*

Als ich das hörte, zerriss ich mein Gewand und meinen Mantel, ich raufte mir die Haare und den Bart und setzte mich erschüttert nieder.

Esra 9,3

TIPP Man muss es nicht gleich so machen wie Esra (ca. 400 v. Chr.), der nach dem Erhalt einer schlechten Nachricht Kleidung und Haare derangierte – ein im Alten Orient üblicher Ausdruck von Trauer und Verzweiflung. Heute genügt es auch, diesen Gefühlen bloß in Worten Ausdruck zu verleihen.

Da konnte man nun das Elend sehen, das hereinbrach.

2 Makk 6,9

Unglück verfolgt die Sünder (...).

Spr 13,21

TIPP *Man fühlt sich hier an den Religionssoziologen Max Weber (1864–1920) erinnert: Ihm zufolge haben christliche (vor allem protestantisch-puritanische) Unternehmer den eigenen wirtschaftlichen Erfolg als Lohn Gottes für ihre persönliche Frömmigkeit interpretiert.*

Den Toren bringt der Ärger um, Leidenschaft tötet den Narren.

Hiob 5,2

Er verwundet und er verbindet, er schlägt, doch seine Hände heilen auch.

Hiob 5,18

TIPP *Die Rede ist von Gott.*

Denn für den Baum besteht noch Hoffnung, ist er gefällt, so treibt er wieder, sein Sprössling bleibt nicht aus.

Hiob 14,7

(...) Wenn man am Abend auch weint, am Morgen herrscht wieder Jubel.

Ps 30,6

Lass mich nicht kommen unter den Fuß der Stolzen; die Hand der Frevler soll mich nicht vertreiben.

Ps 36,12

TIPP *Diesen Stoßseufzer hat König David einst ausgestoßen.*

Doch frag nicht: Wie kommt es, dass die früheren Zeiten besser waren als unsere? Denn deine Frage zeugt nicht von Wissen.

Koh 7,10

TIPP *Die Klage über schlechte Zeiten ist offensichtlich zeitlos.*

Sie sollten erkennen: Man wird mit dem gestraft, womit man sündigt.

Weish 11,16

TIPP *Schlechte Ergebnisse verlangen Ursachenforschung.*

Wer Pech anrührt, dem klebt es an der Hand.

Sir 13,1

TIPP *Was jeder echte Pechvogel aus leidvoller Erfahrung weiß ...*

Vom Kopf bis zum Fuß kein heiler Fleck, nur Beulen, Striemen und frische Wunden (...).

Jes 1,6

TIPP *Man könnte meinen, hier sei jemand versehentlich unter die Räder geraten.*

Denkt nicht mehr an das, was früher war; auf das, was vergangen ist, sollt ihr nicht achten. Seht her, nun mache ich etwas Neues. Schon kommt es zum Vorschein, merkt ihr es nicht?

Jes 43,18-19

Wir tasten uns wie Blinde an der Wand entlang und tappen dahin, als hätten wir keine Augen. Wir stolpern am Mittag, als wäre schon Dämmerung (...).

Jes 59,10

TIPP *So fühlt man sich nach einem gravierenden Fehler – zu Zeiten Jesajas war das keineswegs anders als heute.*

(...) Wer hinfällt, steht der nicht wieder auf? Wer vom Weg abkommt, kehrt der nicht wieder zurück?

Jer 8,4

Sie haben Weizen gesät und Dornen geerntet, sie haben sich abgemüht, doch ohne Ertrag. Enttäuscht sind sie von ihrer Ernte (...).

Jer 12,13

TIPP *So klagt Gott über sein Volk, dessen Treulosigkeit er mit Misserfolgen bestraft.*

Dann wird man sagen: Dieses verödete Land ist wie der Garten Eden geworden; die zerstörten, verödeten, vernichteten Städte sind wieder befestigt und bewohnt.

Ez 36,35

TIPP *An diese Hoffnung klammerte sich das jüdische Volk während des Babylonischen Exils (6. Jh. v. Chr.).*

(...) Denn wie ein Geier kommt das Unheil (...).

Hos 8,1

Darum schweigt in dieser Zeit, wer klug ist; denn es ist eine böse Zeit.

Am 5,13

Es ist, wie wenn jemand einem Löwen entflieht und ihn dann ein Bär überfällt; kommt er nach Hause und stützt sich mit der Hand auf die Mauer, dann beißt ihn eine Schlange.

Am 5,19

Überall wo ein Aas ist, da sammeln sich die Geier.

Mt 24,28

(...) wir wissen: Bedrängnis bewirkt Geduld, Geduld aber Bewährung, Bewährung Hoffnung. Die Hoffnung aber lässt nicht zugrunde gehen (...).

Röm 5,3-5

Von allen Seiten werden wir in die Enge getrieben und finden doch noch Raum; wir wissen weder aus noch ein und verzweifeln dennoch nicht; wir werden gehetzt und sind doch nicht verlassen; wir werden niedergestreckt und doch nicht vernichtet.

2 Kor 4,8-9

Darum macht die erschlafften Hände wieder stark und die wankenden Knie wieder fest und ebnet die Wege für eure Füße, damit die lahmen Glieder nicht ausgerenkt, sondern geheilt werden.

Hebr 12,12-13

II. WERTE UND MAXIMEN

Seit Plato kennt man die vier „Kardinalstugenden" Weisheit, Mäßigung, Tapferkeit, Gerechtigkeit. In der Bibel finden sie sich in Weish 8,7 wieder. Seither wurden eine Menge Tugendkataloge auf- und umgestellt. In neuerer Zeit, im Zeichen von Liberalität, galten derlei Kataloge zwar als verpönt. Doch dieses Blatt beginnt sich schon wieder zu wenden. Und auch wenn wir alles Moralinsaure beiseite lassen: Ohne Handlungsgrundsätze geht es einfach nicht. Diesen Maximen aber liegen in der Regel Werte zugrunde. Lassen Sie sich überraschen, wie humorvoll, bildreich und letztlich modern die Bibel beschreibt, welchen Werten und Einstellungen eine Führungspersönlichkeit in Reden und Handeln Geltung verschaffen sollte.

Die folgende Zusammenstellung ist assoziativ aufgebaut. So finden sich beispielsweise unter „Charakterstärke und Stil" die Bescheidenheit ebenso wie die Großzügigkeit wieder. Mancher würde diese Begriffe vielleicht woanders ansiedeln. Es wird auch kein Anspruch auf Vollständigkeit erhoben. Vielleicht möchten Sie ja die Liste nach Maßgabe Ihrer eigenen Erfahrungen verändern oder ergänzen?

REALISMUS

Kommt es von deiner Einsicht, dass der Falke sich aufschwingt und nach Süden seine Flügel ausbreitet? Fliegt auf dein Geheiß der Adler so hoch und baut seinen Horst in der Höhe?

Hiob 39,26-27

TIPP *Die Antwort muss lauten: Nein! Ein schönes Beispiel für die Grenzen menschlichen Könnens, deren man sich realistischerweise bewusst sein sollte.*
Mit den Wundern der Natur begründet Gott hier übrigens, warum Hiob in all seinem Unglück nicht das Recht hat, mit ihm zu hadern.

Im Traum schließt man viele Geschäfte ab, der Ungebildete macht viele Worte.

Koh 5,2

Es ist besser, wenn du nichts gelobst, als wenn du etwas gelobst und nicht erfüllst.

Koh 5,4

Vielmehr, wo Träume sich mehren und Windhauch und viele Worte, da fürchte du Gott.

Koh 5,6

(...) Ein lebender Hund ist besser als ein toter Löwe.

Koh 9,4

Rühme dich nicht des morgigen Tages, denn du weißt nicht, was der Tag gebiert.

Spr 27,1

Such nicht zu ergründen, was dir zu wunderbar ist, untersuch nicht, was dir verhüllt ist. Was dir zugewiesen ist, magst du durchforschen, doch das Verborgene hast du nicht nötig. Such nicht hartnäckig zu erfahren, was deine Kraft übersteigt. Es ist schon zu viel, was du sehen darfst. Vielfältig sind die Gedanken der Menschen, schlimmer Wahn führt in die Irre.

Sir 3,21-24

Wie willst du tragen, was dir zu schwer ist? (...)

Sir 13,2

Nichtige und trügerische Hoffnung ist Sache des Toren und Träume regen nur Törichte auf. Wie einer, der nach Schatten greift und dem Wind nachjagt, so ist einer, der sich auf Träume verlässt. Das Traumbild ist ein Spiegel, das Abbild eines Gesichts gegenüber dem Gesicht selbst. (...) Wahrsagung, Zeichendeuterei und Träume sind nichtig: Was du erhoffst, macht das Herz sich vor. Sind sie nicht vom Höchsten zur Warnung gesandt, so schenk ihnen keine Beachtung! Träume haben schon viele in die Irre geführt, weil sie ihnen vertrauten, sind sie gestrauchelt.

Sir 34,1-7

Der Prophet, der einen Traum hat, erzählt nur einen Traum (...).

Jer 23,28

TIPP *Es ist ein Zeichen von Realismus, die Grenzen der eigenen Erkenntnismöglichkeiten zu akzeptieren.*

Der Wind weht, wo er will; du hörst sein Brausen, weißt aber nicht, woher er kommt und wohin er geht. (...)

Joh 3,8

OPTIMISMUS, MUT

(...) Ist unter euch einer, der sich fürchtet und keinen Mut hat? Er trete weg und kehre nach Hause zurück, damit nicht auch noch seinen Brüdern der Mut genommen wird.

Dtn 20,8

TIPP *Etwas martialisch, diese Aufforderung aus den Anfängen des Volkes Israel – aber im Prinzip immer noch gültig. Wer keinen Mut hat, schadet einer Sache eher, als dass er ihr nützt.*

Und David sagte weiter: Der Herr, der mich aus der Gewalt des Löwen und des Bären gerettet hat, wird mich auch aus der Gewalt dieses Philisters retten. (...)

1 Sam 17,37

TIPP *Davids Zuversicht gab ihm Recht: Mit einer bloßen Steinschleuder besiegte der junge Israelit den schwer bewaffneten Philister Goliat – Zuversicht, die auch heute noch als Vorbild gelten kann.*

Habt keine Angst vor den Worten eines bösen Menschen! Seine Herrlichkeit verfällt der Fäulnis und den Würmern. Heute noch reckt er sich hoch empor, morgen schon ist er verschwunden; denn er ist wieder zu Staub geworden und mit seinen Plänen ist's aus.

1 Makk 2,62-63

TIPP *Eine etwas drastische Ermahnung. Man muss Widersachern ja nicht gleich das Schlimmste wünschen. Aber – das lehrt dieser Vers – mit mehr Abstand betrachtet, sieht alles nur noch halb so schlimm aus.*

Lächelte ich denen zu, die ohne Vertrauen, sie wiesen das Leuchten meines Gesichts nicht ab.

Hiob 29,24

TIPP *Schon Hiob wusste, dass ein optimistischer Mensch andere mitreißen kann.*

Der Bedrückte hat lauter böse Tage, der Frohgemute hat ständig Feiertag.

Spr 15,15

Denn sicher gibt es eine Zukunft, deine Hoffnung wird nicht zerschlagen.

Spr 23,18

Die Angst des Menschen führt ihn in die Falle (...).

Spr 29,25

TIPP *Weshalb die Angst ein schlechter Ratgeber ist.*

Denn die Schlechtigkeit bezeugt selbst ihr falsches Wesen, wenn sie gestraft wird. Unter dem Druck des Gewissens befürchtet sie immer das Schlimmste.

Weish 17,10

TIPP *Man sollte ohne moralischen Vorbehalt hinter einer Sache stehen können.*

Furcht ist ja nichts anderes als der Verzicht auf die von der Vernunft angebotene Hilfe.

Weish 17,11

Er sagte zu ihnen: Warum habt ihr solche Angst, ihr Kleingläubigen? Dann stand er auf, drohte den Winden und dem See und es trat völlige Stille ein.

Mt 8,26

TIPP *Eine bekannte Wundergeschichte: Jesus und die Jünger im Boot auf dem See Genezareth. Jesus schläft, als ein Sturm aufkommt. Die Jünger denken, sie werden untergehen und wecken Jesus. Er bringt den Sturm zum Erliegen. Das können Sie natürlich nicht – aber Sie können den Menschen, die mit Ihnen in einem Boot sitzen, Mut zusprechen.*

Denn Gott hat uns nicht einen Geist der Verzagtheit gegeben, sondern den Geist der Kraft, der Liebe und der Besonnenheit.

2 Tim 1,7

Furcht gibt es in der Liebe nicht, sondern die vollkommene Liebe vertreibt die Furcht. Denn die Furcht rechnet mit Strafe, und wer sich fürchtet, dessen Liebe ist nicht vollendet.

1 Joh 4,18

TIPP *Ein weiser Spruch, der für viele Situationen auch in der Arbeitswelt gilt: Was uns begeistert und mit guten Gefühlen erfüllt, das gehen wir ohne Furcht an. Im engeren Sinne meint dieser Vers die Liebe Gottes.*

WAHRHAFTIGKEIT

Ihr sollt kein Unrecht begehen bei Gericht, mit Längenmaß, Gewicht und Hohlmaß.

Lev 19,35

TIPP *Übervorteilung war schon im Alten Testament nicht gern gesehen.*

Wer so alt ist wie ich, soll sich nicht verstellen. (...)

2 Makk 6,24

Denn angefüllt bin ich mit Worten, mich drängt der Geist in meiner Brust. Mein Inneres ist wie Wein, der keine Luft hat, wie neue Schläuche muss es bersten. Reden will ich, dann wird mir leichter, ich öffne meine Lippen und entgegne. Ich ergreife für niemand Partei und sage keine Schmeichelworte. Denn ich versteh' mich nicht aufs Schmeicheln, sonst raffte mich mein Schöpfer bald hinweg.

Hiob 32,18-21

Falschheit sei meinem Herzen fern; ich will das Böse nicht kennen. Wer den Nächsten heimlich verleumdet, den bringe ich zum Schweigen. Stolze und hochmütige Herzen kann ich nicht ertragen.

Ps 101,4-5

In meiner Bestürzung sagte ich: Die Menschen lügen alle.

Ps 116,11

Süß ist gestohlenes Wasser, heimlich entwendetes Brot schmeckt lecker.

Spr 9,17

Wer aufrichtig seinen Weg geht, geht sicher, wer krumme Wege geht, wird durchschaut. Wer mit den Augen zwinkert, schafft Leid, wer offen tadelt, stiftet Frieden.

Spr 10,9-10

TIPP *Auch die Bibel kennt und verurteilt schon den double-bind und fordert zur Eindeutigkeit auf.*

Wer Wahrheit spricht, sagt aus, was recht ist, der falsche Zeuge aber betrügt.

Spr 12,17

Bestechungsgeld ist ein Zauberstein in den Augen des Gebers; wohin er sich wendet, hat er Erfolg.

Spr 17,8

Wer seinem Nächsten schmeichelt, breitet ihm ein Netz vor die Füße.

Spr 29,5

Jede Rede Gottes ist im Feuer geläutert; ein Schild ist er für alle, die bei ihm sich bergen. Füg seinen Worten nichts hinzu, sonst überführt er dich und du stehst als Lügner da. Um zweierlei bitte ich dich: (...) Falschheit und Lügenwort halt fern von mir; gib mir weder Armut noch Reichtum, nähr mich mit dem Brot, das mir nötig ist, damit ich nicht, satt geworden, dich verleugne und sage: Wer ist denn der Herr?

Spr 30,5-7.8-9

TIPP *Ein schönes Bild: die im Feuer geläuterte Rede, die Maßstab sein sollte auch für unser Reden. Das Gegenteil wäre: gedankenloses Schwatzen. Und da ist die Lüge dann oft nicht mehr weit.*

Wer mit dem Auge zwinkert, plant Böses, wer einen solchen Menschen sieht, hält sich von ihm fern. Ins Gesicht hinein macht er dir schöne Worte und bewundert deine Reden; nachher aber dreht er seine Worte um und bringt dich durch deine eigenen Worte zu Fall. Vieles ist mir verhasst, aber nichts so wie er; auch der Herr wird ihn hassen. Wer einen Stein hochwirft, auf den fällt er zurück, wer hinterlistig schlägt, verwundet sich selbst. Wer eine Grube gräbt, fällt selbst hinein, wer eine Schlinge legt, verfängt sich in ihr. Wer Unrecht tut, auf den rollt es zurück und er weiß nicht, woher es ihm kommt.

Sir 27,22-27

TIPP *Der bekannte Spruch von der Grube stammt aus der Bibel und zwar gleich mehrfach: z. B. aus Sir 27,26 und Spr 26,27.*

(...) Wer trüben Geschäften nachjagt, fällt in Prozesse.

Sir 29,19

Weh denen, die das Böse gut und das Gute böse nennen, die die Finsternis zum Licht und das Licht zur Finsternis machen, die das Bittere süß und das Süße bitter machen.

Jes 5,20

Das sind die Dinge, die ihr tun sollt: Sagt untereinander die Wahrheit! Fällt an euren Stadttoren Urteile, die der Wahrheit entsprechen und dem Frieden dienen. Plant in eurem Herzen nichts Böses gegen den Nächsten und liebt keine verlogenen Schwüre! Denn das alles hasse ich – Spruch des Herrn.

Sach 8,16-17

Not und Bedrängnis wird jeden Menschen treffen, der das Böse tut (...), denn Gott richtet ohne Ansehen der Person.

Röm 2,9.11

Wir können unmöglich schweigen über das, was wir gesehen und gehört haben.

Apg 4,20

Legt deshalb die Lüge ab und redet untereinander die Wahrheit; denn wir sind als Glieder miteinander verbunden.

Eph 4,25

TIPP *Lüge innerhalb eines Teams ist erst recht abzulehnen.*

Böse Menschen und Schwindler dagegen werden immer mehr in das Böse hineingeraten; sie sind betrogene Betrüger.

2 Tim 3,13

So ist auch die Zunge nur ein kleines Körperglied und rühmt sich doch großer Dinge. Und wie klein kann ein Feuer sein, das einen großen Wald in Brand steckt. Auch die Zunge ist ein Feuer, eine Welt voll Ungerechtigkeit. Die Zunge ist der Teil, der den ganzen Menschen verdirbt und das Rad des Lebens in Brand setzt; sie selbst aber ist von der Hölle in Brand gesetzt. Denn jede Art von Tieren, auf dem Land und in der Luft, was am Boden kriecht und was im Meer schwimmt, lässt sich zähmen und ist vom Menschen auch gezähmt worden; doch die Zunge kann kein Mensch zähmen, dieses ruhelose Übel, voll von tödlichem Gift. Mit ihr preisen wir den Herrn und Vater und mit ihr verfluchen wir die Menschen, die als Abbild Gottes erschaffen sind. Aus ein und demselben Mund kommen Segen und Fluch. Meine Brüder, so darf es nicht sein. Lässt etwa eine Quelle aus derselben Öffnung süßes und bitteres Wasser hervorsprudeln? Kann denn, meine Brüder, ein Feigenbaum Oliven tragen oder ein Weinstock Feigen? So kann auch eine salzige Quelle kein Süßwasser hervorbringen.

Jak 3,5-12

TIPP *Dieses Zitat kann ebenso gut auch nur auszugsweise verwendet werden.*

DISKRETION

Umsonst wird das Netz ausgespannt vor den Augen aller Vögel.

Spr 1,17

TIPP *Wer sein Ziel erreichen will, muss vorsichtig und äußerst diskret vorgehen, sonst geht ihm nichts ins Netz.*

Vor einem Fremden tu nichts, was geheim bleiben soll; du weißt nicht, wie er sich am Ende verhält.

Sir 8,18

Wer seine Zunge beherrscht, lebt ohne Streit; wer Gerede verbreitet, dem fehlt es an Verstand. Verbreite niemals ein Gerede, dann wird auch dich niemand schmähen. Rede weder über Freund noch Feind; wenn du einen Freund hast, enthülle nichts über ihn! Denn wer dich hört, wird sich vor dir hüten und dir zur gegebenen Zeit seinen Groll zeigen. Hast du etwas gehört, so sterbe es in dir; sei unbesorgt, es wird dich nicht zerreißen.

Sir 19,6-10

Besser ein Fehltritt auf dem Boden als ein Fehltritt durch die Zunge (...).

Sir 20,18

Ungezogen ist es, an der Tür zu horchen, der Verständige aber verschließt seine Ohren.

Sir 21,24

Hast du einen Freund, plaudere von ihm nichts aus, sonst wird sich jeder, der dich hört, vor dir hüten.

Sir 22,26

(...) Wohl dem, der nicht durch seine Zunge zu Fall kommt (...).

Sir 25,8

Vor drei Dingen bangt mir das Herz, vor vieren befällt mich die Furcht: Gerede in der Stadt, Auflauf der Massen und Verleumdung – schlimmer sind sie alle als der Tod.

Sir 26,5

Wer Geheimes verrät, zerstört das Vertrauen, er findet keinen Freund, der zu ihm steht. Liebe den Freund und sei ihm treu! Hast du aber seine Geheimnisse verraten, brauchst du ihm nicht mehr nachzugehen. Denn wie ein Mensch, der seinen Besitz vertan hat, so hast du die Freundschaft des Gefährten vertan. Und wie man einen Vogel aus der Hand wegfliegen lässt, so hast du den Freund weggehen lassen und fängst ihn nie wieder ein. Lauf ihm nicht nach, denn er ist schon zu weit, wie eine Gazelle aus der Schlinge ist er entflohen. Eine Wunde lässt sich verbinden, ein Streit beilegen, doch wer ein Geheimnis verrät, hat keine Hoffnung.

Sir 27,16-21

Alle Athener und die Fremden dort taten nichts lieber, als die letzten Neuigkeiten zu erzählen oder zu hören.

Apg 17,21

TIPP *Diese Erfahrung machte Paulus bei einem Besuch in der griechischen Hauptstadt.*

Wer meint, er diene Gott, aber seine Zunge nicht im Zaum hält, der betrügt sich selbst und sein Gottesdienst ist wertlos.

Jak 1,26

Achtet auf euch, damit ihr nicht preisgebt, was wir erarbeitet haben (...).

2 Joh 8

GELASSENHEIT

Herr, stell eine Wache vor meinen Mund, eine Wehr vor das Tor meiner Lippen! Gib, dass mein Herz sich bösen Worten nicht zuneigt (...).

Ps 141,3-4

Der Tor zeigt sogleich seinen Ärger, klug ist, wer Schimpfworte einsteckt.

Spr 12,16

Gibt einer Antwort, bevor er gehört hat, ist es Torheit und Schande für ihn.

Spr 18,13

Der maßlos Jähzornige muss büßen; denn willst du schlichten, machst du es noch ärger.

Spr 19,19

Einen vorbeilaufenden Hund packt bei den Ohren, wer sich in einen Streit mischt, der ihn nichts angeht.

Spr 26,17

Besser ein Langmütiger als ein Kriegsheld, besser, wer sich selbst beherrscht, als wer Städte erobert.

Spr 16,32

Wenn der Herrscher gegen dich in Zorn gerät, bewahre die Ruhe; denn Gelassenheit bewahrt vor großen Fehlern.

Koh 10,4

Sei schnell bereit zum Hören, aber bedächtig bei der Antwort! Nur wenn du imstande bist, antworte deinem Mitmenschen, wenn nicht, leg die Hand auf den Mund!

Sir 5,11-12

Denkt daran, meine geliebten Brüder: Jeder Mensch soll schnell bereit sein zu hören, aber zurückhaltend im Reden und nicht schnell zum Zorn bereit; denn im Zorn tut der Mensch nicht das, was vor Gott recht ist.

Jak 1,19-20

FLEXIBILITÄT

Denn Trotz ist ebenso eine Sünde wie die Zauberei, Widerspenstigkeit ist ebenso schlimm wie Frevel und Götzendienst. (...)

1 Sam 15,23

Es ist gleich ungesund, unvermischten Wein oder pures Wasser zu trinken. Wein mit Wasser vermischt hingegen schmeckt vorzüglich.

2 Makk 15,39

TIPP *Oft kommt es mehr auf die richtige Mischung an als auf die reine Lehre.*

Halte dich nicht zu streng an das Gesetz und sei nicht maßlos im Erwerb von Wissen! Warum solltest du dich selbst ruinieren? Entfern dich nicht zu weit vom Gesetz und verharre nicht im Unwissen: Warum solltest du vor der Zeit sterben? Es ist am besten, wenn du an dem einen festhältst, aber auch das andere nicht loslässt. Wer Gott fürchtet, wird sich in jedem Fall richtig verhalten.

Koh 7,16-18

Ein trotziges Herz nimmt ein böses Ende, wer aber das Gute liebt, den wird es geleiten. Ein trotziges Herz schafft sich viel Leid (...).

Sir 3,26-27

TIPP *Trotz ist das Gegenteil von Flexibilität.*

Lasst euch nicht durch mancherlei fremde Lehren irreführen; denn es ist gut, das Herz durch Gnade zu stärken und nicht dadurch, dass man nach Vorschriften lebt, die noch keinem genützt haben.

Hebr 13,9

TIPP *Statt „Vorschriften“ steht hier eigentlich „Speisevorschriften“, weil es um die Frage geht, ob Christen die jüdischen Speisegesetze einhalten müssen. Aber Sie können das Wort ruhig wie vorgeschlagen ersetzen.*

GERECHTIGKEIT, FÜRSORGLICHKEIT

Aber was eure Brüder, die Israeliten, angeht, so soll keiner über den andern mit Gewalt herrschen.

Lev 25,46

TIPP *Dieses Gesetz galt zur alttestamentlichen Zeit nur für Israeliten untereinander. Fremde durften durchaus gewaltsam beherrscht werden.*

Du sollst das Recht nicht beugen. Du sollst kein Ansehen der Person kennen. Du sollst keine Bestechung annehmen; denn Bestechung macht Weise blind und verdreht die Fälle derer, die im Recht sind.

Dtn 16,19

Wohl denen, die das Recht bewahren und zu jeder Zeit tun, was gerecht ist.

Ps 106,3

Wer sich durch Raub bereichert, zerstört sein Haus, wer Bestechung von sich weist, wird lange leben.

Spr 15,27

Ein Vornehmer, der die Armen unterdrückt, ist wie Regen, der alles wegschwemmt und kein Brot bringt.

Spr 28,3

Haben Gerechte die Oberhand, gibt es glanzvolle Zeiten, erheben sich die Frevler, verstecken sich die Menschen.

Spr 28,12

Deine Stärke ist die Grundlage deiner Gerechtigkeit und deine Herrschaft über alles lässt dich gegen alles Nachsicht üben. Stärke beweist du, wenn man an deine unbeschränkte Macht nicht glaubt, und bei denen, die sie kennen, strafst du die trotzige Auflehnung.

Weish 12,16-17

TIPP *Adressat dieser ehrfürchtigen Worte ist Gott.*

Spiel nicht in deinem Haus den Löwen, vor dem sich deine Knechte fürchten müssen.

Sir 4,30

Ein weiser Herrscher festigt sein Volk, die Regierung eines Verständigen ist wohlgeordnet. Wie der Herrscher des Volkes, so seine Beamten, wie das Haupt der Stadt, so ihre Bewohner.

Sir 10,1-2

Den Nächsten mordet, wer ihm Unterhalt nimmt, Blut vergießt, wer dem Arbeiter den Lohn vorenthält.

Sir 34,26-27

TIPP *Damals ging es um Leben und Tod. Heute immerhin um den drohenden sozialen Abstieg und die Armut.*

Wahrt das Recht und sorgt für Gerechtigkeit (...).

Jes 56,1

Weh dem, der seinen Palast mit Ungerechtigkeit baut, seine Gemächer mit Unrecht, der seinen Nächsten ohne Entgelt arbeiten lässt und ihm seinen Lohn nicht gibt. ... Bist du König geworden, um mit Zedern zu prunken? Hat dein Vater nicht auch gegessen und getrunken, dabei aber für Recht und Gerechtigkeit gesorgt? Und es ging ihm gut. Dem Schwachen und Armen verhalf er zum Recht. Heißt nicht das, mich wirklich erkennen? – Spruch des Herrn.

Jer 22,13

TIPP *Die Drohung des Propheten Jeremia galt dem judäischen König Jojakim (608-598 v. Chr.), der ein Vasall des babylonischen Königs Nebukadnezar war, aber von diesem abfiel. Kurz nach Jojakims Tod wurden seine Untertanen ins berühmte Babylonische Exil deportiert.*

Die verloren gegangenen Tiere will ich suchen, die vertriebenen zurückbringen, die verletzten verbinden, die schwachen kräftigen, die fetten und starken behüten. Ich will ihr Hirt sein und für sie sorgen, wie es recht ist.

Ez 34,16

TIPP *Gott spricht von sich selbst als gutem Hirten. Es ist keine Anmaßung, sich als Führungskraft diese Beschreibung zum Vorbild zu nehmen und sich als guter Hirte zu verstehen – solange man seine Mitarbeiter nicht als Schafe behandelt, versteht sich ...*

Urteilt nicht nach dem Augenschein, sondern urteilt gerecht!

Joh 7,24

Solange ich bei ihnen war, bewahrte ich sie (...). Und ich habe sie behütet und keiner von ihnen ging verloren (...).

Joh 17,12

TIPP *Jesus fühlte sich für seine Jünger verantwortlich – ein Vorbild für alle Führungskräfte.*

(...) Wer Vorsteher ist, setze sich eifrig ein (...).

Röm 12,8

Sorgt als Hirten für die euch anvertraute Herde Gottes, nicht aus Zwang, sondern freiwillig, (...) auch nicht aus Gewinnsucht, sondern aus Neigung; seid nicht Beherrscher eurer Gemeinden, sondern Vorbilder für die Herde!

1 Petr 5,2-3

HERZENSBILDUNG, CHARAKTERSTÄRKE, STIL

(...) Charakterlosigkeit führt zu Erniedrigung und großer Not; die Charakterlosigkeit ist nämlich die Mutter des Hungers.

Tob 4,13

TIPP *Wer ohne ethische Prinzipien handelt und damit andere ins Elend stürzt, riskiert, dass man eines Tages ebenso mit ihm umgeht und er dann ebenfalls in Not gerät. Dieser Sinn steckt in der Ermahnung des alten Tobit an seinen Sohn Tobias. Immanuel Kant hat später Ähnliches mit seinem kategorischen Imperativ formuliert: Man soll immer so handeln, dass die Grundsätze des eigenen Tuns ohne Schaden für alle verbindlich gemacht werden können.*

Herr, Gott des Himmels, blick herab und sieh ihre Überheblichkeit (...).

Jdt 6,19

TIPP *Bescheidenheit ist eine Zier ...*

Wer bemerkt seine eigenen Fehler? Sprich mich frei von Schuld, die mir nicht bewusst ist!

Ps 19,13

TIPP *Der Psalmdichter bittet Gott um Vergebung für unwissentlich begangene Fehler.*

Vor dem Sturz ist das Herz des Menschen überheblich, aber der Ehre geht Demut voran.

Spr 18,12

Die Torheit verdirbt dem Menschen den Weg und dann grollt sein Herz gegen den Herrn.

Spr 19,3

TIPP *Die beliebteste Ausrede: dass ein anderer Schuld sei – im Zweifel sogar Gott.*

Siehst du jemand, der sich selbst für weise hält – mehr Hoffnung gibt es für den Toren als für ihn.

Spr 26,12

Besser offener Tadel als Liebe, die sich nicht zeigt.

Spr 27,5

Doch gibt es auf der Erde keinen einzigen Menschen, der so gesetzestreu wäre, dass er stets richtig handelt, ohne je einen Fehler zu begehen.

Koh 7,20

Ist sie (die Tugend) zugegen, ahmt man sie nach; ist sie entschwunden, sehnt man sie herbei. (...)

Weish 4,2

Mein Sohn, bei all deinem Tun bleibe bescheiden, und du wirst mehr geliebt werden als einer, der Gaben verteilt.

Sir 3,17

Es gibt eine Scham, die Sünde bringt, und eine Scham, die Ehre und Ruhm einträgt.

Sir 4,21

TIPP *Nur keine falsche Scham – lieber echte Bescheidenheit!*

Sag nicht: Wer vermag etwas gegen meine Macht? Denn der Herr rächt die Verfolgten.

Sir 5,3

Überschätz dich nicht vor dem Volk; bedenk, dass der Zorn nicht ausbleibt.

Sir 7,16

Beschimpf keinen alten Mann; denn auch mancher von uns wird ein Greis.

Sir 8,6

Mit dem Trotz des Menschen fängt sein Übermut an, wenn sich sein Herz abkehrt von seinem Schöpfer.

Sir 10,12

Mein Sohn, in Demut ehre dich selbst, beurteile dich, wie du es verdienst. Wer wird den rechtfertigen, der sich selbst ins Unrecht setzt? Wer wird den ehren, der sich selbst die Ehre abspricht?

Sir 10,28-29

Das Herz des Menschen verändert sein Gesicht und macht es heiter oder traurig. Zeichen des glücklichen Herzens ist ein frohes Gesicht; Sorgen und Kummer sind quälendes Grübeln. Wohl dem Menschen, dem sein eigener Mund keine Vorwürfe macht, der nicht klagen muss vor Kummer über seine Sünden. Wohl dem Menschen, der sich nicht selbst tadeln muss und dessen Hoffnung nicht aufhört.

Sir 13,25-14,2

Wer sich selbst nichts gönnt, wem kann der Gutes tun? Er wird seinem eigenen Glück nicht begegnen. Keiner ist schlimmer dran als einer, der sich selbst nichts gönnt, ihn selbst trifft die Strafe für seine Missgunst. Tut er etwas Gutes, dann tut er es aus Versehen und am Ende zeigt er seine Schlechtigkeit. Schlimm ist ein Geizhals, der sein Gesicht abwendet und die Hungernden verachtet.

Sir 14,5-7

TIPP *Großzügigkeit gegen sich selbst und andere ist Voraussetzung zum Glück.*

Dem Auge des Toren ist sein Besitz zu klein, ein geiziges Auge trocknet die Seele aus.

Sir 14,9

TIPP *Das rechte Maß macht zufrieden.*

Ist das Wort nicht mehr wert als die Gabe? Dem Gütigen steht beides wohl an. Der Tor schmäht in liebloser Weise, die Gabe des Geizigen macht die Augen traurig.

Sir 18,17-18

Wer sich über eine Schlechtigkeit freut, wird selbst verachtet (...).

Sir 19,5

Besser einer, der seine Torheit verbirgt, als einer, der seine Weisheit verbirgt.

Sir 20,31

Der Tor blickt durch die Tür ins Haus hinein, der Wohlerzogene bleibt draußen stehen.

Sir 21,23

Gebet um Selbstbeherrschung: Wer setzt eine Wache vor meinen Mund, vor meine Lippen ein kunstvolles Siegel, damit ich durch sie nicht zu Fall komme und meine Zunge mich nicht ins Verderben stürzt? Herr, Vater und Gebieter meines Lebens, bring mich durch sie nicht zu Fall! Wer hält eine Peitsche bereit für mein Denken und eine Zuchtrute für mein Herz, um ihre Vergehen nicht zu schonen und ihnen keine Sünden zu gestatten, damit meine Fehler sich nicht mehren, meine Sünden sich nicht häufen und ich nicht zu Fall komme vor meinen Feinden, so dass mein Gegner sich über mich freuen könnte? Herr, Vater und Gott meines Lebens, überlass mich nicht ihrem Plan! Übermütige Augen gib mir nicht, halte fern von mir die Begierde!

Sir 22,27-23,5

Wenn du das Gastmahl leitest, überheb dich nicht, sei unter den Gästen wie einer von ihnen! Sorg erst für sie, dann setz dich selbst, trag erst auf, was sie brauchen, dann lass dich nieder, damit du dich über sie freuen kannst und für dein gutes Benehmen Beifall findest.

Sir 32,1-2

Bei all deinen guten Werken zeig ein frohes Gesicht und weihe deinen Zehnten mit Freude!

Sir 35,11

Hütet euch, eure Gerechtigkeit vor den Menschen zur Schau zu stellen (...).

Mt 6,1

TIPP *Dieser Vers ist Teil der Bergpredigt.*

(...) Ihr gebt den Zehnten von Minze, Dill und Kümmel und lasst das Wichtigste (...) außer Acht: Gerechtigkeit, Barmherzigkeit und Treue. Man muss das eine tun, ohne das andere zu lassen.

Mt 23,23

TIPP *Die Paragraphenreiterei der Pharisäer war Jesus verhasst.*

Wenn ihr in ein Haus kommt, so sagt als Erstes: Friede diesem Haus! Und wenn dort ein Mann des Friedens wohnt, so wird der Friede, den ihr ihm wünscht, auf ihm ruhen; andernfalls wird er zu euch zurückkehren.

Lk 10,5

TIPP *Mit diesen Worten sandte Jesus 70 Jünger aus.*

Er hat ihre Augen blind gemacht und ihr Herz hart.

Joh 12,40

TIPP *Ein sehr aussagekräftiges Bild. Johannes zitiert hier Jes 6,9-12, wo Gott Jesaja ankündigt, das sündige Volk zu verstocken – sprich: den Menschen das Herz zu verhärten, so dass sie nicht mehr glauben können. Der zornige Gott, der den Menschen den Glauben verweigert – so versuchte man sich zu allen Zeiten das Phänomen zu erklären, dass die einen zum Glauben finden und die anderen nicht. Luther sprach in diesem Zusammenhang vom „verborgenen" Gott: von dem, dessen Tun grausam und unbegreiflich ist. Luther betonte, dass man den Blick von diesem „verborgenen" Gott weg und auf Christus und die Erlösung hinlenken soll, weil sich hier Gottes Liebe zeigt.*

Denn ich tue nicht das Gute, das ich will, sondern das Böse, das ich nicht will.

Röm 7,19

TIPP *Paulus weiß genau: Auch wenn er sich noch so sehr bemüht, gibt es doch andere Kräfte in ihm, deren er nicht Herr ist. Sigmund Freud sollte sie später das „Es" nennen.*

(...) die Erkenntnis macht aufgeblasen, die Liebe dagegen baut auf. Wenn einer meint, er sei zur Erkenntnis gelangt, hat er noch nicht erkannt, wie man erkennen muss.

1 Kor 8,1-2

Denn nicht, wer sich selbst empfiehlt, ist anerkannt (...).

2 Kor 10,18

TIPP *Paulus hatte in Korinth Legitimationsprobleme – daher betonte er, sich nicht selbst empfohlen zu haben, sondern von Gott in sein Apostelamt berufen worden zu sein.*

Im Reden mag ich ein Stümper sein, aber nicht in der Erkenntnis (...).

2 Kor 11,6

TIPP *Ein wenig Understatement kann manchmal nicht schaden.*

(...) jeder soll mich nur nach dem beurteilen, was er an mir sieht oder aus meinem Mund hört.

2 Kor 12,6

Die Frucht des Geistes aber ist Liebe, Freude, Friede, Langmut, Freundlichkeit, Güte, Treue, Sanftmut und Selbstbeherrschung (...).

Gal 5,22

TIPP *Mit „Geist" meint Paulus immer Christus und den Glauben.*

Einen älteren Mann sollst du nicht grob behandeln, sondern ihm zureden wie einem Vater. (...)

1 Tim 5,1

INNERE UND ÄUSSERE UNABHÄNGIGKEIT

Du sollst kein leeres Gerücht verbreiten. Biete deine Hand nicht dem, der Unrecht hat, indem du als falscher Zeuge auftrittst. Du sollst dich nicht der Mehrheit anschließen, wenn sie im Unrecht ist, und du sollst in einem Rechtsverfahren nicht so aussagen, dass du dich der Mehrheit fügst und das Recht beugst.

Ex 23,1-2

Du sollst dich nicht bestechen lassen; denn Bestechung macht Sehende blind und verkehrt die Sache derer, die im Recht sind.

Ex 23,8

Habt keine Angst vor den Worten eines bösen Menschen! Seine Herrlichkeit verfällt der Fäulnis und den Würmern.

1 Makk 2,62

Trink Wasser aus deiner eigenen Zisterne, Wasser, das aus deinem Brunnen quillt.

Spr 5,15

Sei nicht parteiisch, dir selbst zum Schaden, strauchle nicht, dir selbst zum Fall. Halte zur rechten Zeit dein Wort nicht zurück, verbirg deine Weisheit nicht!

Sir 4,22-23

Borge keinem, der mächtiger ist als du. Hast du geborgt, so hast du verloren. Bürge für keinen, der höher steht als du. Hast du gebürgt, so musst du zahlen.

Sir 8,12-13

Wer Pech anrührt, dem klebt es an der Hand; wer mit einem Zuchtlosen umgeht, nimmt seine Art an.

Sir 13,1

Es gibt Geschenke, von denen man nichts hat, es gibt Geschenke, die man doppelt vergüten muss.

Sir 20,10

Schlimm ist ein Leben von einem Haus zum andern; wo du fremd bist, darfst du den Mund nicht auftun.

Sir 29,24

Solange noch Leben und Atem in dir sind, mach dich von niemand abhängig! Übergib keinem dein Vermögen, sonst musst du ihn wieder darum bitten.

Sir 33,21

Denn wo dein Schatz ist, da ist auch dein Herz.

Mt 6,21

Weh euch, wenn euch alle Menschen loben; denn ebenso haben es ihre Väter mit den falschen Propheten gemacht.

Lk 6,26

TIPP *Vorsicht mit dem Lob durch andere Menschen – es sagt nicht unbedingt etwas darüber aus, wie gut man wirklich ist.*
Die Weherufe im Lukas-Evangelium gehören übrigens zum großen Textkomplex der Feldrede – sie ist bei Lukas das Gegenstück zur Bergpredigt des Matthäus.

„Alles ist mir erlaubt" – aber nicht alles nützt mir. Alles ist mir erlaubt, aber nichts soll Macht haben über mich.

1 Kor 6,12

TIPP *Freiheit ist nicht mit Beliebigkeit zu verwechseln.*

(...) Nach einem fremden Maßstab und auf einem Feld, das schon bestellt ist, wollen wir keinen Ruhm ernten.

2 Kor 10,16

BESTÄNDIGKEIT, AUSDAUER, FLEISS

Doch der Gerechte hält fest an seinem Weg, wer reine Hände hat, gewinnt an Kraft.

Hiob 17,9

Viele Menschen rühmen sich ihrer Güte, aber wer findet einen, auf den Verlass ist?

Spr 20,6

Liebe nicht den Schlaf, damit du nicht arm wirst; halte deine Augen offen und du hast Brot genug.

Spr 20,13

Ein Besitz, schnell errafft am Anfang, ist nicht gesegnet an seinem Ende.

Spr 20,21

Der Faule sagt: Ein Löwe ist draußen. Mitten auf der Straße käme ich ums Leben.

Spr 22,13

Die Tür dreht sich in ihrer Angel und der Faule in seinem Bett.

Spr 26,14

Am Acker eines Faulen ging ich vorüber, am Weinberg eines unverständigen Menschen: Sieh da, er war ganz überwuchert von Disteln, seine Fläche mit Unkraut bedeckt, seine Steinmauer eingerissen. Ich sah es und machte mir meine Gedanken, ich betrachtete es und zog die Lehre daraus: Noch ein wenig schlafen, noch ein wenig schlummern, noch ein wenig die Arme verschränken, um auszuruhen. Da kommt schon die Armut wie ein Strolch über dich, die Not wie ein zudringlicher Bettler.

Spr 24,30-34

Ein ehrlicher Mensch erntet vielfachen Segen, wer aber hastet, um sich zu bereichern, bleibt nicht unbestraft.

Spr 28,20

Ist einer träge, so senkt sich das Gebälk, lässt er die Hände sinken, so dringt der Regen ins Haus.

Koh 10,18

Nimm alles an, was über dich kommen mag, halt aus in vielfacher Bedrängnis! Denn im Feuer wird das Gold geprüft und jeder, der Gott gefällt, im Schmelzofen der Bedrängnis.

Sir 2,4-5

Tut und befolgt also alles, was sie (die Pharisäer) euch sagen, aber richtet euch nicht nach dem, was sie tun; denn sie reden nur, tun selbst aber nicht, was sie sagen. Sie schnüren schwere Lasten zusammen und legen sie den Menschen auf die Schultern, wollen selbst aber keinen Finger rühren, um die Lasten zu tragen.

Mt 23,3-4

TIPP *Die Pharisäer waren besonders fromme Schriftgelehrte zur Zeit Jesu, die der Tora, dem jüdischen Gesetz, wieder mehr Geltung verschaffen wollten. Im Neuen Testament werden sie mal als heuchlerische Eiferer hingestellt (so vor allem bei Matthäus) und mal als ernsthaft fragende Gottsucher.*

(...) Der Geist ist willig, aber das Fleisch ist schwach.

Mt 26,41

Hoffen wir aber auf das, was wir nicht sehen, dann harren wir aus in Geduld.

Röm 8,25

Darum müssen wir umso aufmerksamer auf das achten, was wir gehört haben, damit wir nicht vom Weg abkommen.

Hebr 2,1

Werft also eure Zuversicht nicht weg, die großen Lohn mit sich bringt. Was ihr braucht, ist Ausdauer (...).

Hebr 10,35-36

TIPP *Und die brauchten nicht nur die im Hebräerbrief angesprochenen Gläubigen, sondern – damals wie heute – alle Menschen, die vor schwierigen Aufgaben stehen.*

(...) Lasst uns mit Ausdauer in dem Wettkampf laufen, der uns aufgetragen ist.

Hebr 12,1

Die Ausdauer aber soll zu einem vollendeten Werk führen; (...). Auch der Bauer wartet auf die kostbare Frucht der Erde, er wartet geduldig, bis im Herbst und im Frühjahr der Regen fällt. Ebenso geduldig sollt auch ihr sein. Macht euer Herz stark (...).

Jak 1,4; 5,7-8

EIN SINN FÜR SOZIALES

Da sprach der Herr zu Kain: Wo ist dein Bruder Abel? Er entgegnete: Ich weiß es nicht. Bin ich der Hüter meines Bruders?

Gen 4,9

TIPP *Die Antwort lautet natürlich: Ja! Menschen sind füreinander verantwortlich – bis zu einem gewissen Grad jedenfalls.*
Die Geschichte vom Brudermord zwischen Kain und Abel spiegelt übrigens aus kulturhistorischer Sicht die Konflikte zwischen Schafhirten und Ackerbauern wider.

Einen Fremden sollst du nicht ausnützen oder ausbeuten, denn ihr selbst seid in Ägypten Fremde gewesen.

Ex 22,20

TIPP *Gott erinnert sein Volk an dessen eigene Leidenszeit. Heute würde man sagen: Alle Menschen sind Ausländer – fast überall.*

Gleiches Recht soll bei euch für den Fremden wie für den Einheimischen gelten (...).

Lev 24,22

Wenn dein Bruder verarmt und sich neben dir nicht halten kann, sollst du ihn, auch einen Fremden oder Halbbürger, unterstützen, damit er neben dir leben kann. Nimm von ihm keinen Zins und Wucher! Fürchte deinen Gott, und dein Bruder soll neben dir leben können.

Lev 25,35-36

Auch seine hohen Beamten gaben freiwillige Spenden für das Volk (...).

2 Chron 35,8

<u>TIPP</u> *Woran sich Politiker heute ein Beispiel nehmen sollten. Der Hintergrund hier: König Josia (639-609 v. Chr.) wollte den religiösen Traditionen wieder Geltung verschaffen und ließ deshalb ein großes Paschafest feiern, bei dem Tausende Opfertiere geschlachtet wurden – sie alle waren vom König und seinen Beamten gespendet worden. Im Alten Testament kommt Josia wegen seiner Treue zu Gott natürlich gut weg. In Wirklichkeit war diese religiöse Rückbesinnung Teil seiner Unabhängigkeitspolitik gegenüber der Großmacht Assyrien (heute: Nordirak), deren Stern aber ohnehin im Sinken war.*

(...) Sei nicht kleinlich, wenn du Gutes tust. Wende deinen Blick niemals ab, wenn du einen Armen siehst, dann wird auch Gott seinen Blick nicht von dir abwenden. Hast du viel, so gib reichlich von dem, was du besitzt; hast du wenig, dann zögere nicht, auch mit dem Wenigen Gutes zu tun. Auf diese Weise wirst du dir einen kostbaren Schatz für die Zeit der Not ansammeln. Denn Gutes zu tun rettet vor dem Tod und bewahrt vor dem Weg in die Finsternis. Wer aus Barmherzigkeit hilft, der bringt dem Höchsten eine Gabe dar, die ihm gefällt.

Tob 4,7-11

Wenn du jetzt etwas hast, sag nicht zu deinem Nächsten: Geh, komm wieder, morgen will ich dir etwas geben.

Spr 3,28

Wer den Armen gibt, hat keinen Mangel, wer seine Augen verschließt, wird viel verflucht.

Spr 28,27

Verbirg dich nicht vor dem Verzweifelten und gib ihm keinen Anlass, dich zu verfluchen.

Sir 4,2

Gib dem Guten, nicht aber dem Bösen, unterstütze den Demütigen, gib nicht dem Hochmütigen.

Sir 12,4

Ist dein Freund verarmt, beschäme ihn nicht und versteck dich nicht vor ihm!

Sir 22,25

Viele Schuldner bitten um ein Darlehen, doch dann verärgern sie ihre Helfer. Bis er (der Schuldner) etwas bekommt, küsst er dem andern die Hand und redet mit ihm unterwürfig wegen seines Geldes. Am Tag der Rückzahlung aber enttäuscht er ihn, weil er erst nach langer Zeit zurückerstattet.

Sir 29,4-5

<u>TIPP</u> *Nicht jeder verdient es, dass man ihm Kredit gibt.*

Setz dein Geld ein für den Bruder und Freund, lass es nicht rosten unter dem Stein, bis es verdirbt.

Sir 29,10

Wenn du Almosen gibst, lass es also nicht vor dir herposaunen, wie es die Heuchler in den Synagogen und auf den Gassen tun, um von den Leuten gelobt zu werden. (...) Wenn du Almosen gibst, soll deine linke Hand nicht wissen, was deine rechte tut.

Mt 6,2-3

TIPP *Diese Verse gehören zur Bergpredigt.*

Es gibt verschiedene Dienste, aber nur den einen Herrn. Es gibt verschiedene Kräfte, die wirken, aber nur den einen Gott: Er bewirkt alles in allen.

1 Kor 12,5-6

TIPP *Paulus bezog sich auf die verschiedenen Aktivitäten der Gläubigen in Korinth. Heute könnte man sagen: Alle Ehrenämter sind gleich wertvoll.*

Jeder gebe, wie er es sich in seinem Herzen vorgenommen hat, nicht verdrossen und nicht unter Zwang; denn Gott liebt einen fröhlichen Geber.

2 Kor 9,7

Lasst uns nicht müde werden, das Gute zu tun; denn wenn wir darin nicht nachlassen, werden wir ernten, sobald die Zeit dafür gekommen ist.

Gal 6,9

Jeder achte nicht nur auf das eigene Wohl, sondern auch auf das der anderen.

Phil 2,4

TIPP *Heute spräche man vielleicht vom Ehrenamt.*

Wer aber für seine Verwandten, besonders für die eigenen Hausgenossen, nicht sorgt, der verleugnet damit den Glauben und ist schlimmer als ein Ungläubiger.

1 Tim 5,8

EIN FESTER GLAUBE

Solange die Erde besteht, sollen nicht aufhören Aussaat und Ernte, Kälte und Hitze, Sommer und Winter, Tag und Nacht.

Gen 8,22

TIPP *Mit diesen Worten besiegelt Gott den Bund, den er mit Noah schließt und durch den Regenbogen bekräftigt.*

Der Herr ist mein Hirte, nichts wird mir fehlen.

Ps 23,1

Vom Ende der Erde rufe ich zu dir; denn mein Herz ist verzagt. Führe mich auf den Felsen, der mir zu hoch ist!

Ps 61,3

Meine Hilfe kommt vom Herrn, der Himmel und Erde gemacht hat.

Ps 121,2

Wenn nicht der Herr das Haus baut, müht sich jeder umsonst, der daran baut. Wenn nicht der Herr die Stadt bewacht, wacht der Wächter umsonst. Es ist umsonst, dass ihr früh aufsteht und euch spät erst niedersetzt, um das Brot der Mühsal zu essen; denn der Herr gibt es den Seinen im Schlaf.

Ps 127,1-2

Du liebst alles, was ist, und verabscheust nichts von allem, was du gemacht hast; denn hättest du etwas gehasst, so hättest du es nicht geschaffen. Wie könnte etwas ohne deinen Willen Bestand haben oder wie könnte etwas erhalten bleiben, das nicht von dir ins Dasein gerufen wäre? Du schonst alles, weil es dein Eigentum ist, Herr, du Freund des Lebens.

Weish 11,24-26

Wenn man euch sagt: Befragt die Totengeister und Zauberkundigen, die flüstern und murmeln!, dann erwidert: Soll ein Volk nicht lieber seinen Gott befragen? Warum soll man für die Lebenden die Toten befragen?

Jes 8,19

TIPP *Schon zur Zeit Jesajas war Esoterik ein Thema.*

Wer misst das Meer mit der hohlen Hand? Wer kann mit der ausgespannten Hand den Himmel vermessen? Wer misst den Staub der Erde mit einem Scheffel? Wer wiegt die Berge mit einer Waage und mit Gewichten die Hügel?

Jes 40,12

TIPP *Die Schöpferkraft Gottes zeigt sich in der Schönheit der Welt.*

Deswegen sage ich euch: Sorgt euch nicht um euer Leben und darum, dass ihr etwas zu essen habt, noch um euren Leib und darum, dass ihr etwas anzuziehen habt. Ist nicht das Leben wichtiger als die Nahrung und der Leib wichtiger als die Kleidung? Seht euch die Vögel des Himmels an: Sie säen nicht, sie ernten nicht und sammeln keine Vorräte in himmlischen Scheunen; euer himmlischer Vater ernährt sie. Seid ihr nicht viel mehr wert als sie? Wer von euch kann mit all seiner Sorge sein Leben auch nur um eine kleine Zeitspanne verlängern?

Mt 6,25-27

TIPP *Diese Verse sind Teil der Bergpredigt.*

(...) Wenn euer Glaube auch nur so groß ist wie ein Senfkorn, dann werdet ihr zu diesem Berg sagen: Rück von hier nach dort!, und er wird wegrücken. Nichts wird euch unmöglich sein.

Mt 17,20

(...) Ich glaube; hilf meinem Unglauben!

Mk 9,24

TIPP *Das ruft der Vater eines Jungen, den Jesus heilen soll. Der Satz ist zum Klassiker geworden, wenn es darum geht, das Hin- und Hergerissensein zwischen Glaube und Zweifel zu beschreiben.*

(...) Kein Mensch kann sich etwas nehmen, wenn es ihm nicht vom Himmel gegeben ist.

Joh 3,27

Doch der Höchste wohnt nicht in dem, was von Menschenhand gemacht ist, wie der Prophet sagt: Der Himmel ist mein Thron und die Erde der Schemel für meine Füße. Was für ein Haus könnt ihr mir bauen?, spricht der Herr. Oder welcher Ort kann mir als Ruhestätte dienen? Hat nicht meine Hand dies alles gemacht?

Apg 7,48

Denn einen anderen Grund kann niemand legen als den, der gelegt ist: Jesus Christus.

1 Kor 3,11

(...) Ich will nicht nur im Geist beten, sondern auch mit dem Verstand. Ich will nicht nur im Geist Gott preisen, sondern auch mit dem Verstand.

1 Kor 14,15

TIPP *Man sollte eben trotz des Glaubens den Verstand nicht an der Garderobe abgeben, denn dann könnte man nicht mehr mit anderen diskutieren und sie zu überzeugen versuchen. Weshalb noch heute die christlichen Kirchen ihre Stellungnahmen zu politischen und sozialen Themen immer auch mit diskutierbaren Sachargumenten begründen. Zum Hintergrund des Verses: Paulus wollte verhindern, dass die Gläubigen in Korinth nur noch in religiöser Verzückung („im Geist") sprachen. Nicht zuletzt deshalb, weil dann kein Ungläubiger mehr etwas verstanden hätte und niemand mehr hätte bekehrt werden können.*

Alles vermag ich durch ihn, der mir Kraft gibt.

Phil 4,13

Gebt Acht, dass euch niemand mit seiner Philosophie und falschen Lehre verführt, die sich nur auf menschliche Überlieferung stützen und sich auf die Elementarmächte der Welt, nicht auf Christus berufen. Denn in ihm allein wohnt wirklich die ganze Fülle Gottes.

Kol 2,8-9

TIPP *Auch hier wird vor esoterischem Gedankengut gewarnt.*

Denn alles, was Gott geschaffen hat, ist gut und nichts ist verwerflich, wenn es mit Dank genossen wird; es wird geheiligt durch Gottes Wort und das Gebet.

1 Tim 4,4-5

Glaube aber ist: Feststehen in dem, was man erhofft, Überzeugtsein von Dingen, die man nicht sieht. (...) Aufgrund des Glaubens erkennen wir, dass die Welt durch Gottes Wort erschaffen worden und dass so aus Unsichtbarem das Sichtbare entstanden ist.

Hebr 11,1-3

III. MITEINANDER

Wo Menschen tagtäglich miteinander arbeiten, liegen das Gute und das Schlechte dicht beieinander. Kollegen können einander fördern – der so genannte Synergieeffekt – oder behindern. Sachliche und atmosphärische Störungen sind jederzeit möglich. Konfliktscheu sollte man da als Führungskraft nicht sein, vielmehr empathisch und lösungsorientiert. Nicht umsonst gewinnt die Mediation, die Vermittlung in Konflikten, immer größere Bedeutung. Und auch wenn Sie als Führungskraft nicht für jedes Wohl und Wehe Ihrer Mitarbeiter zuständig sind – in Ihrer Hand liegt doch vieles. Sie können eine Unternehmenskultur oder Abteilungskultur formen. Sie können – durch Ihr eigenes Vorbild sowie durch indirekte und direkte Anweisungen – den Prinzipien eines konstruktiven Miteinanders zur Durchsetzung verhelfen. Schließlich gibt es kaum einen größeren Erfolgsfaktor als zufriedene, motivierte Mitarbeiter, die sich mit ihrer Arbeit und dem Betrieb identifizieren.

In der Bibel finden sich zahlreiche Aussagen zum Thema Zusammenarbeit und zur Interaktion zwischen den Menschen. Und wieder faszinieren der Bilderreichtum und der unverstellte Blick auf die großen und kleinen Schwächen. Aber lesen Sie selbst!

ZUSAMMENARBEIT

Wenn jemand ein Feld oder einen Weinberg abbrennt und das Feuer sich ausbreiten lässt, so dass es das Feld eines anderen in Brand steckt, dann soll er den besten Ertrag seines Feldes oder Weinbergs als Ersatz dafür geben.

Ex 22,4

Du sollst einen Tauben nicht verfluchen und einem Blinden kein Hindernis in den Weg stellen (...).

Lev 19,14

Du sollst nicht untätig zusehen, wie ein Stier oder ein Lamm deines Bruders sich verläuft. Du sollst dann nicht so tun, als gingen sie dich nichts an, sondern sie deinem Bruder zurückbringen.

Dtn 22,1

TIPP *Hilfsbereitschaft ist das A und O für eine gute Zusammenarbeit.*

Besser ein Gericht Gemüse, wo Liebe herrscht, als ein gemästeter Ochse und Hass dabei.

Spr 15,17

TIPP *Heute würde man vom Betriebsklima sprechen.*

Wie ein Verrückter, der Brandpfeile schleudert, Pfeile und tödliche Waffen, so ist einer, der seinen Nächsten täuscht und dazu sagt: Ich mach doch nur Spaß.

Spr 26,18-19

Zwei sind besser als einer allein, falls sie nur reichen Ertrag aus ihrem Besitz ziehen. Denn wenn sie hinfallen, richtet einer den anderen auf. Doch wehe dem, der allein ist, wenn er hinfällt, ohne dass einer bei ihm ist, der ihn aufrichtet.

Koh 4,9-10

Jedes Lebewesen liebt seinesgleichen, jeder Mensch den, der ihm ähnlich ist.

Sir 13,15

TIPP *Und trotzdem kann man sich seine Kollegen meist nicht aussuchen.*

Sei nicht schadenfroh am Tag deines Bruders, am Tag seines Unheils! (...) Reiß deinen Mund nicht so auf am Tag der Not.

Obd 12

Alles, was ihr also von anderen erwartet, das tut auch ihnen!

Mt 7,12a

TIPP *Diese so genannte Goldene Regel ist Teil der Bergpredigt.*

Richtet nicht, dann werdet auch ihr nicht gerichtet werden. Verurteilt nicht, dann werdet auch ihr nicht verurteilt werden. Erlasst einander die Schuld, dann wird auch euch die Schuld erlassen werden.

Lk 6,37

TIPP *Das richtige Zitat zum Thema Toleranz.*

Vergeltet niemand Böses mit Bösem! Seid allen Menschen gegenüber auf Gutes bedacht! Soweit es euch möglich ist, haltet mit allen Menschen Frieden! (...) Lass dich nicht vom Bösen besiegen, sondern besiege das Böse durch das Gute.
Röm 12,17-18.21

Wer pflanzt und wer begießt: Beide arbeiten am gleichen Werk.
1 Kor 3,8

TIPP *Falls besonders Bibelfeste unter Ihren Zuhörern sind, sollten Sie als Redner unbedingt die Fortsetzung dieses Verses kennen: „Jeder aber erhält seinen besonderen Lohn, je nach der Mühe, die er aufgewendet hat."*

Wenn der Fuß sagt: Ich bin keine Hand, ich gehöre nicht zum Leib!, so gehört er doch zum Leib. Und wenn das Ohr sagt: Ich bin kein Auge, ich gehöre nicht zum Leib!, so gehört es doch zum Leib. Wenn der ganze Leib nur Auge wäre, wo bliebe dann das Gehör? Wenn er nur Gehör wäre, wo bliebe dann der Geruchssinn? (...) Das Auge kann nicht zur Hand sagen: Ich bin nicht auf dich angewiesen. Der Kopf kann nicht zu den Füßen sagen: Ich brauche euch nicht.
1 Kor 12,15-17, 21

TIPP *Besser hätte Paulus die konstruktive Zusammenarbeit eines Teams nicht beschreiben können.*

Lasst uns aufeinander achten und uns (...) zu guten Taten anspornen.
Hebr 10,24

Seht zu, (...) dass keine bittere Wurzel wächst und Schaden stiftet und durch sie alle vergiftet werden (...).
Hebr 12,15

TIPP *Damit kann nur Mobbing gemeint sein.*

Endlich aber: Seid alle eines Sinnes, voll Mitgefühl und brüderlicher Liebe, seid barmherzig und demütig! Vergeltet nicht Böses mit Bösem noch Kränkung mit Kränkung! (...)
1 Petr 3,8-9

KOMMUNIKATION

Da öffnete der Herr dem Esel den Mund (...).
Num 22,28

TIPP *Dieser Esel war wirklich einer. Die hübsche Geschichte aus dem Alten Testament erzählt davon, dass Gott dem Seher Bileam durch einen sprechenden Esel seinen Willen mitteilt. Oft wäre auch heute im Job ein sprechender Esel nicht schlecht.*

Zu mir hat sich ein Wort gestohlen; geflüstert hat es mein Ohr erreicht.

Hiob 4,12

TIPP *Gerüchte sollte man entschärfen – oder ignorieren.*

Auch ich könnte reden wie ihr, wenn ihr an meiner Stelle wäret, schöne Worte über euch machen und meinen Kopf über euch schütteln.

Hiob 16,4

TIPP *Hiob, der viel Leid erlebte, fühlt sich von den Freunden missverstanden: Ihre Tröstungsversuche kränkten ihn nur, er empfindet sie als Besserwisserei. Was einmal mehr belegt, wie schwierig es ist, sich in jemand anderen hineinzuversetzen und ihm gerecht zu werden. Die Indianer sagten dazu: Urteile über niemanden, bevor du nicht mehrere Meilen in seinen Mokassins gegangen bist.*

Mancher Leute Gerede verletzt wie Schwertstiche, die Zunge der Weisen bringt Heilung.

Spr 12,18

Auch beim Lachen kann ein Herz leiden (...).

Spr 14,13

TIPP *Umso wichtiger für eine gute Kommunikation ist Einfühlungsvermögen.*

Essig auf Laugensalz – so ist, wer Lieder singt vor einem missmutigen Herzen.

Spr 25,20

TIPP *Ein anschauliches Beispiel für Taktlosigkeit.*

Die Füße haut sich ab, Schaden muss leiden, wer Botschaft sendet durch einen Toren.

Spr 26,6

Treu gemeint sind die Schläge eines Freundes, doch trügerisch die Küsse eines Feindes.

Spr 27,6

Wie Wasser ein Spiegel ist für das Gesicht, so ist das Herz des Menschen ein Spiegel für den Menschen.

Spr 27,19

Achtet ein Herrscher auf Lügen, werden alle seine Beamten zu Schurken.

Spr 29,12

Hör auch nicht auf all die Worte, die man so sagt. Denn niemals wirst du einen Untergebenen über dich schimpfen hören und doch bist du dir bewusst, dass auch du sehr oft über andere geschimpft hast.

Koh 7,21-22

Bist du bereit zu hören, so wirst du belehrt, neigst du dein Ohr, erlangst du Bildung.

Sir 7,33

Antworte deinem Nächsten, so gut du kannst, du selbst aber berate dich mit Weisen!

Sir 9,14

Am Aussehen erkennt man den Menschen, am Gesichtsausdruck erkennt ihn der Weise. Die Kleidung des Menschen offenbart sein Verhalten, die Schritte des Menschen zeigen, was an ihm ist.

Sir 19,29-30

TIPP *Nonverbale Kommunikation ist schon im Alten Testament ein Thema.*

Mancher schweigt und gilt als weise, mancher wird trotz vielen Redens verachtet. Mancher schweigt, weil er keine Antwort weiß, mancher schweigt, weil er die rechte Zeit beachtet. Der Weise schweigt bis zur rechten Zeit, der Tor aber achtet nicht auf die rechte Zeit.

Sir 20,5-7

Mancher gibt aus Scham dem Freund Versprechen und macht ihn sich ohne Grund zum Feind.

Sir 20,23

TIPP *Eine konsequente Absage ist manchmal klüger.*

Wie Musik zur Trauer ist eine Rede zur falschen Zeit (...).

Sir 22,6

Wohl dem, der einen Freund fand und der zu Ohren sprechen darf, die hören.

Sir 25,9

Es gibt wer weiß wie viele Sprachen in der Welt und nichts ist ohne Sprache. Wenn ich nun den Sinn der Laute nicht kenne, bin ich für den Sprecher ein Fremder wie der Sprecher für mich.

1 Kor 14,10

TIPP *Man sollte immer wissen, was man sagt. Und sich keiner Fachsprache bedienen, die man nicht beherrscht.*

Über eure Lippen komme kein böses Wort, sondern nur ein gutes, das den, der es braucht, stärkt, und dem, der es hört, Nutzen bringt. (...) Jede Art von Bitterkeit, Wut, Zorn, Geschrei und Lästerung und alles Böse verbannt aus eurer Mitte!

Eph 4,29.31

MOTIVIEREN, DELEGIEREN, KRITISIEREN

Erschwert man den Leuten die Arbeit, dann sind sie beschäftigt und kümmern sich nicht um leeres Geschwätz.

Ex 5,9

TIPP *Harte Worte, die der Pharao über die in seinem Dienst schuftenden Hebräer äußerte. Die Hebräer – das spätere Volk Israel – hauten denn auch kurz darauf unter Führung des Mose ab, um, salopp gesagt, im Land Kanaan ihren eigenen Laden aufzumachen.*

Da sagte der Schwiegervater zu Mose: Es ist nicht richtig, wie du das machst. So richtest du dich selbst zugrunde und auch das Volk, das bei dir ist. Das ist zu schwer für dich; allein kannst du es nicht bewältigen. Nun hör zu, ich will dir einen Rat geben (...). Sieh dich im ganzen Volk nach tüchtigen, gottesfürchtigen und zuverlässigen Männern um, die Bestechung ablehnen. (...) Sie sollen dem Volk jederzeit als Richter zur Verfügung stehen. Alle wichtigen Fälle sollen sie vor dich bringen, die leichteren sollen sie selber entscheiden. Entlaste dich und lass auch andere Verantwortung tragen! Wenn du das tust, (...) bleibst du der Aufgabe gewachsen und die Leute hier können alle zufrieden heimgehen.

Ex 18,17-23

TIPP *Schon Mose musste während der Wanderung des Volkes Israel durch die Wüste lernen, Verantwortung zu delegieren.*

Du sollst dem Ochsen zum Dreschen keinen Maulkorb anlegen.

Dtn 25,4

TIPP *Damit ist gemeint: Wer arbeitet, soll auch Anteil am Ertrag haben.*

(...) Sammle deine Kräfte und überleg dir gut, was du zu tun hast (...).

1 Kö 20,22

TIPP *So sprach der Prophet zu Ahab, dem König von Israel (9. Jh. v. Chr.), vor einer Schlacht.*

(...) Einer sagte zum anderen: Wer kann dieses Volk verachten, das solche Frauen in seiner Mitte hat? (...)

Jdt 10,19

TIPP *Judits Klugheit und Schönheit waren sprichwörtlich. Vielleicht haben auch Sie solche Frauen im Team?*

Wenn man ein neues Haus baut, muss sich der Architekt um das ganze Gebäude kümmern; Dekorateur und Maler dagegen müssen nur das prüfen, was zur Ausschmückung nötig ist. Ähnlich beurteile ich auch unsere Aufgabe.

2 Makk 2,29

Zieh aus mit Glück, kämpfe für Wahrheit und Recht! Furchtgebietende Taten soll dein rechter Arm dich lehren!

Ps 45,5

Nach dem Maß seiner Klugheit wird ein jeder gelobt (...).

Spr 12,8

Ein gewissenloser Bote richtet Unheil an, ein zuverlässiger Bote bringt Heilung.

Spr 13,17

TIPP *Welcher Mitarbeiter will da nicht lieber zuverlässig sein?*

Wie kühlender Schnee an einem Sommertag ist ein verlässlicher Bote für den, der ihn sendet (...).

Spr 25,13

Schwer ist der Stein und eine Last ist der Sand, doch der Ärger mit einem Toren ist schwerer als beide.

Spr 27,3

Wer einen andern zurechtweist, findet schließlich Dank, mehr als der Schmeichler.

Spr 28,23

Verachte nicht eine kluge Frau; liebenswürdige Güte ist mehr wert als Perlen. (...) Einen klugen Sklaven liebe wie dich selbst, verweigere ihm die Freilassung nicht.

Sir 7,19.21

TIPP *Sagen Sie statt Sklave lieber Mitarbeiter und statt Freilassung besser Beförderung oder Wechsel ...*

Man sage nicht: Wozu dies, wozu das? Denn alles ist für seinen besonderen Zweck bestimmt. Man sage nicht: Dies ist schlechter als das. Denn alles ist zu seiner Zeit von Wert.

Sir 39,21

TIPP *Das richtige Argument gegenüber Mitarbeitern, die ständig etwas gegen Ihre Anweisungen einzuwenden haben.*

(...) Glaubt ihr nicht, so bleibt ihr nicht.

Jes 7,9

Ich habe nicht im Verborgenen geredet, irgendwo in einem finsteren Land. (...)

Jes 45,19

TIPP *Scheint es auch Ihnen manchmal so, als ob Sie Ihre Anweisungen statt in aller Deutlichkeit vielleicht doch im Verborgenen gegeben haben?*

(...) Blickt auf den Felsen, aus dem ihr gehauen seid (...).

Jes 51,1

Wenn schon der Wettlauf mit Fußgängern dich ermüdet, wie willst du mit Pferden um die Wette laufen? Wenn du nur im friedlichen Land dich sicher fühlst, wie wirst du dich verhalten im Dickicht des Jordan?

Jer 12,5

(...) Der Schwache soll sagen: Ich bin ein Kämpfer.

Joel 4,10

TIPP *Heute nennt man das positives Denken.*

(...) Fürchtet euch nicht! Macht eure Hände stark!

Sach 8,13

TIPP *So tröstete der Prophet Sacharja (ca. 520 v. Chr.) das jüdische Volk, als es aus dem Babylonischen Exil ins verwüstete Jerusalem heimkehrte.*

Bittet, dann wird euch gegeben; sucht, dann werdet ihr finden; klopft an, dann wird euch geöffnet. Denn wer bittet, der empfängt; wer sucht, der findet; und wer anklopft, dem wird geöffnet.

Mt 7,7-8

(...) wer arbeitet, hat ein Recht auf seinen Lohn. (...)

Lk 10,7

(...) Ein Mann hatte in seinem Weinberg einen Feigenbaum; und als er kam und nachsah, ob er Früchte trug, fand er keine. Da sagte er zu seinem Weingärtner: Jetzt komme ich schon drei Jahre und sehe nach, ob dieser Feigenbaum Früchte trägt, und finde nichts. Hau ihn um! Was soll er weiter dem Boden seine Kraft nehmen? Der Weingärtner erwiderte: Herr, lass ihn dieses Jahr noch stehen; ich will den Boden um ihn herum aufgraben und düngen. Vielleicht trägt er doch noch Früchte (...).

Lk 13,7

TIPP *Das Gleichnis Jesu endet mit den Worten: „... wenn nicht, dann lass ihn umhauen." Aber solche Drohung würde eher demotivieren, deshalb lassen Sie das Zitat lieber wie oben vorgeschlagen enden: mit der Ermutigung durch eine neue Chance.*

Nehmt euch in Acht, dass (...) die Sorgen des Alltags euch nicht verwirren.

Lk 21,34

Doch jetzt ermahne ich euch: Verliert nicht den Mut! (...)

Apg 27,22

TIPP *Paulus ermutigte die Seeleute während einer stürmischen Überfahrt von Kreta nach Malta.*

Dem, der Werke tut, werden diese nicht aus Gnade angerechnet, sondern er bekommt den Lohn, der ihm zusteht.

Röm 4,4

(...) ich bin fest davon überzeugt, dass ihr viel Gutes tut, dass ihr reiche Erkenntnis besitzt und selbst imstande seid, einander zurechtzuweisen.

Röm 15,14

TIPP *Lob motiviert am besten – das wusste schon Paulus, als er an die Gemeinde in Rom schrieb.*

Wer leistet denn Kriegsdienst und bezahlt sich selber den Sold? Wer pflanzt einen Weinberg und isst nicht von seinem Ertrag? Oder wer weidet eine Herde und trinkt nicht von der Milch der Herde?

1 Kor 9,7

Ich freue mich, dass ich in jeder Hinsicht auf euch vertrauen kann.

2 Kor 7,16

Wenn nämlich der gute Wille da ist, dann ist jeder willkommen mit dem, was er hat, und man fragt nicht nach dem, was er nicht hat.

2 Kor 8,12

Wo ist eure Begeisterung geblieben? (...)

Gal 4,15

TIPP *Paulus vermisste bei den Galatern deren einstigen Enthusiasmus.*

Setzt eure Ehre darin, ruhig zu leben, euch um die eigenen Aufgaben zu kümmern und mit euren Händen zu arbeiten, wie wir euch aufgetragen haben. So sollt ihr (...) ein rechtschaffenes Leben führen (...).

1 Thess 4,11-12

Lieber Bruder, ahme nicht das Böse nach, sondern das Gute! (...)

3 Joh 11

KONKURRENZ

Wer den Nächsten verächtlich macht, ist ohne Verstand, doch ein kluger Mensch schweigt.

Spr 11,12

Mag der Zorn grausam sein und überschäumend die Wut, wer aber besteht vor der Eifersucht?

Spr 27,4

Eisen wird an Eisen geschliffen; so schleift einer den Charakter des anderen.

Spr 27,17

Ich beobachtete: Jede Arbeit und jedes erfolgreiche Tun bedeutet Konkurrenzkampf zwischen den Menschen. Auch das ist Windhauch und Luftgespinst. (...) Besser eine Handvoll und Ruhe als beide Hände voll und Arbeit und Luftgespinst.

Koh 4,4.6

Verzehrender Neid soll mich nicht auf meinem Weg begleiten; denn er hat mit der Weisheit nichts gemein.

Weish 6,23

Neid und Ärger verkürzen das Leben, Kummer macht vorzeitig alt.

Sir 30,24

Einer baut auf, einer reißt nieder – was haben sie mehr davon als die Mühe?

Sir 34,28

Berate dich nicht mit deinem Neider; vor dem, der eifersüchtig ist, verbirg Geheimes!

Sir 37,10

Man fraß rechts und blieb hungrig, man fraß links und wurde nicht satt. Jeder fraß seinen Nachbarn.

Jes 9,19

TIPP Jesaja schilderte höchst drastisch die Folgen des göttlichen Strafgerichts: als einen Kampf jedes gegen jeden.

Wir wollen nicht prahlen, nicht miteinander streiten und einander nichts nachtragen.

Gal 5,26

Wer sich einbildet, etwas zu sein, obwohl er nichts ist, der betrügt sich. Jeder prüfe sein eigenes Tun. Dann wird er sich nur im Blick auf sich selbst rühmen können, nicht aber im Vergleich mit anderen. Denn jeder wird seine eigene Bürde zu tragen haben.

Gal 6,3-5

Wenn aber euer Herz voll ist von bitterer Eifersucht und von Ehrgeiz, dann prahlt nicht und verfälscht nicht die Wahrheit! Das ist nicht die Weisheit, die von oben kommt, sondern eine irdische, eigennützige, teuflische Weisheit. Wo nämlich Eifersucht und Ehrgeiz herrschen, da gibt es Unordnung und böse Taten jeder Art.

Jak 3,14-16

Woher kommen die Kriege bei euch, woher die Streitigkeiten? Doch nur vom Kampf der Leidenschaften in eurem Innern. Ihr begehrt und erhaltet doch nichts. Ihr mordet und seid eifersüchtig und könnt dennoch nichts erreichen. Ihr streitet und führt Krieg. Ihr erhaltet nichts, weil ihr nicht bittet.

Jak 4,1-2

STREIT

(...) Lass von mir ab! Warum soll ich dich zu Boden schlagen? (...)

2 Sam 2,22

<u>TIPP</u> *Der dezente Hinweis auf die eigene Überlegenheit gehört in jedes Rückzugsgefecht.*

(...) Was du sagst, ist ja gut und recht, aber beim König gibt es niemand, der dich anhört.

2 Sam 15,3

Gibt ein Weiser windige Kunde zur Antwort, füllt er sein Inneres mit Ostwind an, um zu rechten mit Gerede, das nichts taugt, mit Worten, in denen kein Nutzen liegt?

Hiob 15,2-3

Wende dein strafendes Auge ab von mir, so dass ich heiter blicken kann, bevor ich dahinfahre und nicht mehr da bin.

Ps 39,14

<u>*TIPP*</u> *Gut eingesetzte Ironie kann helfen, eine spannungsgeladene Situation zu entschärfen.*

Wie der Spatz wegflattert und die Schwalbe davonfliegt, so ist ein unverdienter Fluch; er trifft nicht ein.

Spr 26,2

Wer ins Auge stößt, treibt Tränen heraus; wer ins Herz stößt, treibt Freundschaft hinaus.

Sir 22,19

Weh euch, die ihr alles verdreht. Ist denn der Ton so viel wie der Töpfer? Sagt denn das Werk von dem, der es herstellt: Er hat mich nicht gemacht? Oder sagt der Topf vom Töpfer: Er versteht nichts?

Jes 29,16

Doch sie weigerten sich hinzuhören, sie zeigten sich störrisch und verstopften ihre Ohren, um nicht zu hören. Sie machten ihr Herz hart wie Diamant, um (...) die Worte nicht hören zu müssen (...).

Sach 7,11-12

Warum habt ihr so böse Gedanken im Herzen?

Mt 9,4

TIPP *Jesus durchschaute die Pharisäer. Sein Beispiel zeigt: Kritiker fordert man am besten offen heraus.*

(...) Ich bin nicht gekommen, um Frieden zu bringen, sondern das Schwert.

Mt 10,34

TIPP *Jesus wusste, dass seine Botschaft polarisieren würde. Auch heutige Führungskräfte können nicht nur Schmusekurs fahren, sondern müssen manchmal klare Fronten schaffen.*

Als sie das hörten, waren sie aufs Äußerste über ihn empört und knirschten mit den Zähnen.

Apg 7,54

TIPP *Der da den Zorn der Juden auf sich zog, war Stephanus, einer der frühen Apostel.*

Noch einmal sage ich: Keiner soll mich für einen Narren halten. Tut ihr es aber doch, dann lasst mich auch als Narren gewähren (...).

2 Kor 11,16

TIPP *Paulus argumentierte gern mit der Narrenfreiheit.*

Bin ich also euer Feind geworden, weil ich euch die Wahrheit sage?

Gal 4,16

TIPP *Wer in Konflikten die Wahrheit sagt, riskiert, sich unbeliebt zu machen.*

KONFLIKTMANAGEMENT, MEDIATION

Werdet nicht wie Ross und Maultier, die ohne Verstand sind. Mit Zaum und Zügel muss man ihr Ungestüm bändigen, sonst folgen sie dir nicht.

Ps 32,9

Steh ab vom Zorn und lass den Grimm; erhitze dich nicht, es führt nur zu Bösem.

Ps 37,8

Wer den Nächsten heimlich verleumdet, den bringe ich zum Schweigen. Stolze Augen und hochmütige Herzen kann ich nicht ertragen.

Ps 101,5

Sinne nichts Böses gegen deinen Nächsten, der friedlich neben dir wohnt. Bring niemand ohne Grund vor Gericht, wenn er dir nichts Böses getan hat.

Spr 3,29-30

Es ist nicht gut, einen Schuldigen zu begünstigen und den Unschuldigen abzuweisen vor Gericht.

Spr 18,5

Stell den Freund zur Rede, ob er etwas getan hat, und wenn er etwas getan hat – damit er es nicht wieder tut. Stell deinen Nächsten zur Rede, ob er etwas gesagt hat, und wenn er es gesagt hat – damit er es nicht wiederholt. Stell den Freund zur Rede, denn oft gibt es Verleumdung; trau nicht jedem Wort! Mancher gleitet aus, doch ohne Absicht. Wer hätte noch nie mit seiner Zunge gesündigt? Stell deinen Nächsten zur Rede, ehe du ihm Vorwürfe machst. Gib dem Gesetz des Höchsten Raum.

Sir 19,13-17

Ihr habt gehört, dass gesagt worden ist: Auge für Auge und Zahn für Zahn. Ich aber sage euch: Leistet dem, der euch etwas Böses antut, keinen Widerstand, sondern wenn dich jemand auf die rechte Wange schlägt, dann halt ihm auch die andere hin. Und wenn dich einer vor Gericht bringen will, um dir das Hemd wegzunehmen, dann lass ihm auch den Mantel. Und wenn dich einer zwingen will, eine Meile mit ihm zu gehen, dann geh zwei mit ihm.

Mt 5,38-41

TIPP *Die bekannten Verse von der Vergeltung sind Teil der Bergpredigt.*

Warum siehst du den Splitter im Auge deines Bruders, aber den Balken in deinem Auge bemerkst du nicht?

Mt 7,3-5

TIPP *Auch dieser bekannte Vers entstammt der Bergpredigt.*

Wenn du mit deinem Gegner vor Gericht gehst, bemüh dich noch auf dem Weg, dich mit ihm zu einigen. Sonst wird er dich vor den Richter schleppen und der Richter wird dich dem Gerichtsdiener übergeben und der Gerichtsdiener wird dich ins Gefängnis werfen. Ich sage dir: Du kommst von dort nicht heraus, bis du auch den letzten Pfennig bezahlt hast.

Lk 12,58-59

TIPP *Weiterstreiten ist ab einem gewissen Punkt immer teurer als ein Kompromiss.*

(...) Männer, ihr seid doch Brüder. Warum tut ihr einander Unrecht?

Apg 7,26

TIPP *So fragte Mose einst die Hebräer, die in Ägypten versklavt waren und noch in dieser Situation untereinander stritten.*

Daher wollen wir uns nicht mehr gegenseitig richten. Achtet vielmehr darauf, dem Bruder keinen Anstoß zu geben und ihn nicht zu Fall zu bringen.

Röm 14,15

TIPP *Paulus rief zu Toleranz in der Gemeinde auf und dazu, andere Gläubige nicht durch zu große Freizügigkeit in Verlegenheit zu bringen (siehe im Anhang die Erläuterungen zum Römerbrief).*

(...) Gibt es denn unter euch wirklich keinen, der die Gabe hat, zwischen Brüdern zu schlichten? Stattdessen zieht ein Bruder den andern vor Gericht (...).

1 Kor 6,5-6

TIPP *Paulus ärgerte sich darüber, dass die Christen in Korinth einander vor Gericht zerrten, noch dazu, wo die Richter keine Christen waren. Der Apostel fand, dass Christen ihre Streitigkeiten auch untereinander regeln sollten.*

Denn das ganze Gesetz ist in dem einen Wort zusammengefasst: Du sollst deinen Nächsten lieben wie dich selbst! Wenn ihr einander beißt und verschlingt, dann gebt Acht, dass ihr euch nicht gegenseitig umbringt.

Gal 5,14-15

(...) Die Sonne soll über eurem Zorn nicht untergehen.

Eph 4,26

Seht zu, dass keiner dem andern Böses mit Bösem vergilt, sondern bemüht euch immer, einander und allen Gutes zu tun.

1 Thess 5,15

(...) Wer aber bist du, dass du über deinen Nächsten richtest?

Jak 4,12

VERSÖHNUNG

Da sagte Abram zu Lot: Zwischen mir und dir (...) soll es keinen Streit geben; wir sind doch Brüder. Liegt nicht das ganze Land vor dir? Trenn dich also von mir! Wenn du nach links willst, gehe ich nach rechts; wenn du nach rechts willst, gehe ich nach links.

Gen 13,8-9

TIPP *Die klare Trennung der Aufgabenbereiche kann einen Konflikt unter Mitarbeitern beenden.*

Belehrt mich, so werde ich schweigen, worin ich fehlte, macht mir klar!

Hiob 6,24

TIPP *Hiob war bereit, sich von seinen drei Freunden korrigieren zu lassen und von ihnen zu lernen. So richtig gute Hinweise konnten sie ihm allerdings nicht geben – nachzulesen im Alten Testament.*

Wer ist es, der ohne Einsicht den Rat verdunkelt? So habe ich denn im Unverstand geredet über Dinge, die zu wunderbar für mich und unbegreiflich sind. Hör doch, ich will nun reden, ich will dich fragen, du belehre mich!

Hiob 42,3-4

(...) Denn Zukunft hat der Mann des Friedens.

Ps 37,37

Eine heimliche Gabe besänftigt den Zorn, ein Geschenk aus dem Gewandbausch den heftigen Grimm.

Spr 21,14

TIPP *Zur alttestamentlichen Zeit wurde das Gewand gegürtet getragen. Über dem Gürtel bildete der Stoff eine taschenartige Falte, in die man die Hand oder auch einen Gegenstand stecken konnte, etwa ein Geschenk. Ein Schelm, wer hier an Bestechung denkt!*

Hast du den Mund aufgetan gegen den Freund, verzage nicht: Es gibt eine Versöhnung. (...)

Sir 22,22

Bläst du den Funken an, flammt er auf; spuckst du darauf, so erlischt er: Beides kommt aus deinem Mund.

Sir 28,12

Selig, die keine Gewalt anwenden; denn sie werden das Land erben.

Mt 5,5

TIPP *Ein Vers aus den Seligpreisungen, die Kernstück der Bergpredigt sind.*

HIERARCHIEN

(...) Nur aus der Mitte deiner Brüder darfst du einen König über dich einsetzen. (...)

Dtn 17,15

TIPP *Schon vor mehr als 2000 Jahren kannte man es, dass der Vorgesetzte aus den eigenen Reihen kam.*

Fehlt es an Führung, kommt ein Volk zu Fall (...).

Spr 11,14

Hoffart kommt vor dem Sturz und Hochmut kommt vor dem Fall.

Spr 16,18

Mit Geduld wird ein Vorgesetzter umgestimmt, sanfte Stimme bricht Knochen.

Spr 25,15

Mancher Fürst ist klein an Verstand und groß als Unterdrücker; wer Ausbeutung hasst, hat ein langes Leben.

Spr 28,16

(...) Erkläre nie vor dem Boten: Es war ein Versehen. (...)

Koh 5,5

Es gibt etwas Schlimmes, das ich unter der Sonne beobachtet habe – solch ein Versehen, wie es vom Machthaber zu kommen pflegt: Die Dummheit wurde auf höchste Posten gestellt und Reiche müssen unten sitzen. Ich habe Sklaven hoch zu Pferd gesehen und Fürsten, die wie Sklaven zu Fuß gehen mussten.

Koh 10,5-7

Nicht einmal in Gedanken schimpf auf den König, nicht einmal im Schlafzimmer schimpf auf einen Reichen; denn die Vögel des Himmels können dein Wort verbreiten, alles, was Flügel hat, könnte die Nachricht weitermelden.

Koh 10,20

Streite nicht mit einem Mächtigen, damit du ihm nicht in die Hände fällst.

Sir 8,1

Keinen verständigen Armen soll man verachten und keinen Gewalttätigen ehren.

Sir 10,23

Redet ein Reicher, so hat er viele Helfer. Sein törichtes Gerede nennen sie schön. Redet ein Geringer, ruft man: Pfui! Mag er auch klug reden, für ihn ist kein Platz. Redet ein Reicher, dann schweigen alle, sie erheben seine Klugheit bis zu den Wolken. Redet ein Geringer, heißt es: Wer ist denn das? Stolpert er, dann stoßen sie ihn noch.

Sir 13,22-23

Unterwirf dich nicht dem Toren, nimm keine Rücksicht auf den Herrscher!

Sir 24,27

Wohl dem, (...) der keinem dienen muss, der unter ihm steht.

Sir 25,8

Denn viele sind gerufen, aber nur wenige auserwählt.

Mt 22,14

Denn wer sich selbst erhöht, wird erniedrigt, und wer sich selbst erniedrigt, wird erhöht werden.

Mt 23,12

Wenn du zu einer Hochzeit eingeladen bist, such dir nicht den Ehrenplatz aus. Denn es könnte ein anderer eingeladen sein, der vornehmer ist als du, und dann würde der Gastgeber, der dich und ihn eingeladen hat, kommen und zu dir sagen: Mach diesem hier Platz! Du aber wärst beschämt und müsstest den untersten Platz einnehmen. Wenn du also eingeladen bist, setz dich lieber, wenn du hinkommst, auf den untersten Platz; dann wird der Gastgeber zu dir kommen und sagen: Mein Freund, rück weiter hinauf! Das wird für dich eine Ehre sein vor allen anderen Gästen. Denn wer sich selbst erhöht, wird erniedrigt, und wer sich selbst erniedrigt, wird erhöht werden.

Lk 14,8-11

Gehorcht euren Vorstehern und ordnet euch ihnen unter, denn sie wachen über euch und müssen Rechenschaft darüber ablegen; sie sollen das mit Freude tun können, nicht mit Seufzen, denn das wäre zu eurem Schaden.

Hebr 13,17

IV. GESTERN, HEUTE, MORGEN

Von Zeit zu Zeit ist eine Bilanz nötig – nicht zuletzt aus Gründen der Qualitätssicherung und des Wettbewerbs: Wo stehen wir? Was gilt es an Gutem zu bewahren und an Überholtem abzustreifen? Welche Neuerungen sind anzugehen und wo schlägt der Mut in Waghalsigkeit um? Auch in weniger schnelllebigen Epochen als dieser gilt es, sich der Zeitachse bewusst zu sein, die nach der einen Seite ins Gestern hineinreicht und nach der anderen Seite ins Morgen. Zu wissen, wo man steht, wo die eigenen, erworbenen Stärken liegen, ist wichtig. Und zu wissen, wie es weitergehen soll und welchen Einsatz die Sicherung der Zukunft fordert, ebenfalls.

QUALITÄT UND TRADITION

Darf nicht das Ohr die Worte prüfen, wie mit dem Gaumen man die Speisen schmeckt?

Hiob 12,11

Ich will auf den Weg der Bewährten achten.

Ps 101,2

Achte meine Gebote, (...) hüte meine Lehre wie deinen Augapfel.

Spr 7,2

Falsche Waage ist dem Herrn ein Gräuel, volles Gewicht findet sein Gefallen.

Spr 11,1

Wer sein Haus verkommen lässt, erntet Wind (...).

Spr 11,29

Wer die Lehre preisgibt, rühmt den Frevler, wer die Lehre beachtet, bekämpft ihn.

Spr 28,4

Kümmere dich um das Aussehen deiner Schafe und sorge für deine Herden; denn Besitz bleibt nicht für ewig und Reichtum nicht für alle Zeit.

Spr 27,23-24

Wechsle keinen Freund für Geld, einen treuen Bruder nicht für Gold (...).

Sir 7,18

Verachte nicht die Überlieferung der Alten, die sie übernommen haben von ihren Vätern. Dann wirst du Einsicht lernen, um antworten zu können, sobald es notwendig ist.

Sir 8,9

Gib einen alten Freund nicht auf; denn ein neuer hält nicht zu dir. Neuer Freund, neuer Wein: Nur alt trinkst du ihn gern.

Sir 9,10

Sag nicht: Ich habe meine Wünsche erfüllt, was geht mir noch ab? Sag nicht: Ich bin versorgt, welches Unheil könnte über mich kommen?

Sir 11,23-24

Der Hals schluckt jede Speise, doch die eine Speise schmeckt besser als die andere.

Sir 36,23

Gebt das Heilige nicht den Hunden und werft eure Perlen nicht den Schweinen vor, denn sie könnten sie mit ihren Füßen zertreten und sich umwenden und euch zerreißen.

Mt 7,6

TIPP *Diese Verse sind Teil der Bergpredigt.*

Entweder: der Baum ist gut – dann sind auch seine Früchte gut. Oder: der Baum ist schlecht, dann sind auch seine Früchte schlecht. An den Früchten also erkennt man den Baum. (...) Ein guter Mensch bringt Gutes hervor, weil er Gutes in sich hat.

Mt 12,33-35

(...) Mach den Becher zuerst innen sauber, dann ist er auch außen rein.

Mt 23,26

Jeden Baum erkennt man an seinen Früchten: Von den Disteln pflückt man keine Feigen und vom Dornstrauch erntet man keine Trauben.

Lk 6,44

Prüft alles und behaltet das Gute!

1 Thess 5,21

Du aber bleibe bei dem, was du gelernt und wovon du dich überzeugt hast.

2 Tim 3,14

Darum müssen wir umso aufmerksamer auf das achten, was wir gehört haben, damit wir nicht vom Weg abkommen.

Hebr 2,1

KOSTENMANAGEMENT

Der König soll sich aber nicht zu viele Pferde halten. (...)

Dtn 17,16

TIPP *Der Fuhrpark von Vorstandsvorsitzenden war schon zur Zeit des Alten Testaments ein Thema.*

Erst im fünften Jahr dürft ihr die Früchte essen und den Ertrag für euch ernten. (...)

Lev 19,25

TIPP *Auch in der alttestamentlichen Agrargesellschaft waren Rücklagen wichtig.*

Wer auf seinen Reichtum vertraut, der fällt, die Gerechten aber sprossen wie grünes Laub.

Spr 11,28

Besser unbeachtet bleiben und seine Arbeit verrichten als großtun und kein Brot haben.

Spr 12,9

Der Satte tritt Honig mit Füßen, doch dem Hungrigen schmeckt alles Bittere süß.

Spr 27,7

Verlass dich nicht auf deinen Reichtum und sag nicht: Ich kann es mir leisten.

Sir 5,1

Unansehnlich unter den geflügelten Tieren ist die Biene und doch bringt sie den besten Ertrag ein.

Sir 11,3

TIPP *Auch Helmut Kohl sagte immer: „Entscheidend ist, was hinten raus kommt."*

Denk zur Zeit des Überflusses an die Zeit des Hungers, in den Tagen des Reichtums an Armut und Not!

Sir 18,25

Wenn einer von euch einen Turm bauen will, setzt er sich dann nicht zuerst hin und rechnet, ob seine Mittel für das ganze Vorhaben ausreichen? Sonst könnte es geschehen, dass er das Fundament gelegt hat, dann aber den Bau nicht fertig stellen kann. Und alle, die es sehen, würden ihn verspotten und sagen: Der da hat einen Bau begonnen und konnte ihn nicht zu Ende führen.

Lk 14,28-30

Wenn eine Frau zehn Drachmen hat und eine davon verliert, zündet sie dann nicht eine Lampe an, fegt das Haus und sucht unermüdlich, bis sie das Geldstück findet? Und wenn sie es gefunden hat, ruft sie ihre Freundinnen und Nachbarinnen zusammen und sagt: Freut euch mit mir; ich habe die Drachme wiedergefunden, die ich verloren hatte.

Lk 15,8-9

(...) wir sind arm und machen doch viele reich; wir haben nichts und haben doch alles.

1 Kor 6,10

INNOVATION UND INVESTITION

(...) Die Kosten bestreitet der königliche Hof.

Esra 6,4

TIPP *Hier ging es um den Wiederaufbau des Jerusalemer Tempels – ein beispielloser Fall von staatlicher Investition.*

Man wird wieder Felder kaufen in diesem Land.

Ps 32,43

Wer Getreide zurückhält, den verwünschen die Leute, wer Korn auf den Markt bringt, auf dessen Haupt kommt Segen.

Spr 11,26

Viel Volk ist der Glanz des Königs, wenig Leute sind des Fürsten Untergang.

Spr 14,28

TIPP *Ein gutes Argument für die Personalerweiterung.*

Leg dein Brot auf die Wasserfläche, denn noch nach vielen Tagen wirst du es wiederfinden – verteil dein Kapital auf sieben oder gar auf acht; denn du weißt nicht, welches Unglück über das Land kommt.

Koh 11,1-2

TIPP *Risikostreuung war schon im Alten Testament bekannt.*

Gut ist der Reichtum, wenn keine Schuld an ihm klebt; schlimm ist die Armut, die aus Übermut entstand.

Sir 13,24

Wer gegen sich selbst geizt, sammelt für einen andern; in seinen Gütern wird ein Fremder schwelgen.

Sir 14,4

TIPP *Man kann sich auch zu Tode sparen.*

Mancher kauft vieles billig ein und muss es doch siebenfach bezahlen.

Sir 20,12

TIPP *Auch versteckte Kosten gilt es zu bedenken.*

Baut einer sein Haus mit fremdem Geld, sammelt er Steine für einen Schutthaufen.

Sir 21,8

TIPP *Mit Krediten war man damals vorsichtig.*

Denkt nicht mehr an das, was früher war; auf das, was vergangen ist, sollt ihr nicht achten. Seht her, nun mache ich etwas Neues. Schon kommt es zum Vorschein, merkt ihr es nicht? Ja, ich lege einen Weg an durch die Steppe und Straßen durch die Wüste.

Jes 43,18-19

(...) Hüte die Schafe, die geschlachtet werden sollen.

Sach 11,4

Denn wer hat, dem wird gegeben und er wird im Überfluss haben; wer aber nicht hat, dem wird auch noch weggenommen, was er hat.

Mt 13,12

Hättest du mein Geld wenigstens auf die Bank gebracht, dann hätte ich es bei meiner Rückkehr mit Zinsen zurückerhalten. (...) Denn wer hat, dem wird gegeben und er wird im Überfluss haben; wer aber nichts hat, dem wird auch noch weggenommen, was er hat.

Mt 25,27-29

TIPP *Hintergrund ist das Gleichnis vom anvertrauten Geld: Ein Mann verreist und gibt vorher seinen Dienern unterschiedliche Talente (= Maßeinheit) an Geld. Zwei wirtschaften mit ihren Summen und vermehren sie, der Dritte, der den kleinsten Betrag erhielt, vergräbt sein Geld in der Erde und rechtfertigt sich bei der Rückkehr, er habe Angst vor der Strenge des Herrn gehabt. Der lobt die beiden ersten Knechte und verstößt den dritten.*

Niemand näht ein Stück neuen Stoff auf ein altes Kleid; denn der neue Stoff reißt doch vom alten Kleid ab und es entsteht ein noch größerer Riss. Auch füllt niemand neuen Wein in alte Schläuche. Sonst zerreißt der Wein die Schläuche; der Wein ist verloren und die Schläuche sind unbrauchbar. Neuer Wein gehört in neue Schläuche.

Mk 2,21-22

TIPP *Innovationen waren auch zur Zeit Jesu ein Thema. Gemeint ist hier: Der neue Glaube an Jesus verträgt sich nicht damit, alte Gebote wie die des Fastens zu befolgen. Paulus behandelte dieses Thema später im Sinne der Toleranz: Man solle als Christ nicht so freizügig sein, dass es weniger standfeste Gläubige in Zweifel stürzt.*

(...) Kein Stein wird auf dem anderen bleiben (...).

Mk 13,2

TIPP *Das prophezeite Jesus im Blick auf den Jerusalemer Tempel – und die Geschichte gab ihm Recht. Im übertragenen Sinn wollte Jesus die jüdische Religion von Grund auf revolutionieren und erneuern, woraus dann das Christentum entstanden ist.*

Denkt daran: Wer kärglich sät, wird auch kärglich ernten; wer reichlich sät, wird reichlich ernten.

2 Kor 9,6

TIPP *Mit der Saat sind hier eigentlich Spenden gemeint. Auf Investitionen lässt sich der Vers aber ebenso gut anwenden.*

V. RITUALE

Nicht nur das private Leben, auch die Arbeitswelt braucht ihre Struktur, ihre Regelmäßigkeit. Und wie im Privaten geben die Rituale auch im Berufsleben die Gewissheit, dass alles seine Ordnung hat. Rituale stehen für Kontinuität und stiften Identität. Sie haben Wiedererkennungswert – von der Kaffeepause über die Konferenz bis hin zu den ganz großen Anlässen. Freilich: Bei manchen Sitten und Gebräuchen besteht nur noch die sinnentleerte Form fort, während sich der Inhalt, der frühere Zweck, längst verflüchtigt hat. Gerade Besprechungen und Konferenzen drohen auf diese Weise zum Selbstzweck zu werden, wenn man sie nicht immer wieder einer kritischen Prüfung hinsichtlich ihrer Funktionalität unterzieht. Die Bibel bietet hier einige schöne Zitate zum Thema „Fasse dich kurz".

Andere Rituale wiederum sind durch den Gang der Ereignisse – froher wie trauriger – vorgegeben. So geht es in diesem Kapitel auch um Neuanfang und Abschiednehmen. Als Führungskraft steht man oft vor der Aufgabe, an der Ausgestaltung dieser Rituale mitzuwirken. Auf angemessene Weise mit den Fröhlichen fröhlich zu sein und mit den Traurigen traurig: Dafür wird man Sie wertschätzen.

KONFERENZ

(...) Warum seht ihr heute so böse drein?

Gen 40,7

TIPP *Dabei gibt es doch nur gute Nachrichten ...*

(...) Genug! Trag mir diese Sache niemals wieder vor!

Dtn 3,26

TIPP Irgendwann ist alles besprochen und jedes weitere Wort überflüssig, das musste sogar Mose erfahren, als er mit Gott verhandelte.

Wer aber nur nacherzählen will, darf die Darstellung straffen, auch wenn die genaue Ausarbeitung nach den Regeln der Geschichtsschreibung dabei zu kurz kommt. Nun aber wollen wir sofort mit unserer Erzählung beginnen; wir haben uns schon allzu lang mit dem Vorwort aufgehalten und es wäre ja unsinnig, vor der Erzählung viele Worte zu machen, die Erzählung selbst aber zu kürzen.

2 Makk 2,31-32

TIPP *Die Fakten, bitte!*

(...) Darum höre ich hier mit der Erzählung auf. Ist sie gut und geschickt erzählt, habe ich mein Ziel erreicht; ist sie aber schlecht oder mittelmäßig, ich habe mein Bestes getan.

2 Makk 15,37-38

TIPP *Ein treffender Schlusssatz für Redebeiträge.*

Dass ihr endlich schweigen wolltet; das würde Weisheit für euch sein.

Hiob 13,5

Darum sage ich: Hört mich an! (...)

Hiob 32,10

Einmal habe ich geredet, ich tu es nicht wieder, ein zweites Mal, doch nun nicht mehr!

Hiob 40,5

Jeden freut es, wenn er kluge Antwort geben kann, und wie gut ist doch ein Wort zur rechten Zeit.

Spr 15,23

Mancher schweigt, weil er keine Antwort weiß, mancher schweigt, weil er die rechte Zeit beachtet.

Spr 20,6

Von weitem erkennt man den Schwätzer; der Erfahrene merkt es, wenn jener entgleist.

Sir 21,7

Dräng die Worte zusammen, fasse dich kurz, sei wie einer, der etwas weiß, aber auch schweigen kann.

Sir 32,8

Richte deine Rede erst zurecht, dann halte sie! Zuerst ein Haus zum Wohnen, dann zieh ein!

Sir 33,4

Macht es bekannt, bringt es vor, beratet euch untereinander (...).

Jes 45,21

TIPP *Stoßen Sie eine Diskussion doch mal mit den Worten Jesajas an.*

Wir brummen alle wie Bären und gurren wie Tauben. (...)

Jes 59,11

Jeder von uns folgte der Neigung seines bösen Herzens (...).

Bar 1,22

TIPP *Auch ein schönes Zitat für Hauptversammlungen ...*

(...) Denn wovon das Herz voll ist, davon spricht der Mund. (...) Ich sage euch: Über jedes unnütze Wort, das die Menschen reden, werden sie am Tag des Gerichts Rechenschaft ablegen müssen; denn aufgrund deiner Worte wirst du freigesprochen und aufgrund deiner Worte wirst du verurteilt werden.

Mt 12,34.36-37

TIPP *Wenn sich nur in Konferenzen jeder danach richten würde!*

(...) der eine ging auf seinen Acker, der andere in seinen Laden.

Mt 22,5

TIPP *Mit anderen Worten: Die Konferenz ist beendet!*

Und es versammelten sich so viele Menschen, dass nicht einmal mehr vor der Tür Platz war (...).

Mk 2,2

(...) Wenn man alles aufschreiben wollte, so könnte, wie ich glaube, die ganze Welt die Bücher nicht fassen, die man schreiben müsste.

Joh 21,25

TIPP *Ein klassischer Schluss für einen Bericht – in diesem Fall für das Johannes-Evangelium.*

Dort schrien die einen dies, die andern das; denn in der Ver-sammlung herrschte ein großes Durcheinander und die meisten wussten gar nicht, weshalb man überhaupt zusammengekommen war.

Apg 19,32

BEWERBUNGSGESPRÄCH UND EINSTAND

(...) Sag mir, welchen Lohn du haben willst.

Gen 29,15

TIPP *Die Frage Labans an seinen Neffen Jakob nach dessen Gehaltsvorstellungen ist heute Teil vieler Vorstellungsgespräche. Allerdings diente Jakob pikanterweise, um Rahel, die Tochter seines Onkels, zur Frau zu bekommen.*

(...) Bestimm selbst deinen Lohn und ich werde ihn dir aushändigen.

Gen 30,28

Heute ist ein Tag froher Botschaft.

2 Kön 7,9

(...) Können wir noch einmal solch einen Mann finden wie ihn? Wir wollen ihn zu unserem Freund und Verbündeten machen.

1 Makk 10,16

Frag doch nach und erkundige dich, wer ich bin und wer die Leute sind, die auf meiner Seite stehen. (...)

1 Makk 10,72

TIPP *In ein Vorstellungsgespräch sollte man nur gut informiert gehen.*

(...) Was willst du uns fragen und von uns wissen? (...)

2 Makk 7,2

TIPP *Manchmal müssen Bewerber leider erst ermutigt werden, ihrerseits Fragen zu stellen.*

Wenn ihr in diesem Land wohnen bleibt, so werde ich euch aufbauen und nicht niederreißen, euch einpflanzen und nicht ausreißen.

Jer 42,10

TIPP *Kontinuität und Treue zur Firma sind erwünscht.*

(...) Die Ernte ist groß, aber es gibt nur wenige Arbeiter.

Mt 9,37

Er sagte zu ihnen: Geht auch ihr in meinen Weinberg! Ich werde euch geben, was recht ist.

Mt 20,4

TIPP *Hintergrund ist das Gleichnis vom Gutsbesitzer, der Arbeiter für seinen Weinberg anwirbt.*

(...) Er hat mich für treu gehalten und in seinen Dienst genommen (...).

1 Tim 1,12

TIPP *Wichtig zu wissen: Der Verfasser spricht hier von seiner Berufung durch Christus, über den er vorher gelästert habe. Letzteres kann natürlich nicht mitzitiert werden ...*

Auch sie soll man vorher prüfen, und nur, wenn sie unbescholten sind, sollen sie ihren Dienst ausüben. (...) Denn wer seinen Dienst gut versieht, erlangt einen hohen Rang (...).

1 Tim 3,10.13

<u>TIPP</u> *Hier ist von den Diakonen der Gemeinde die Rede; das Gesagte gilt aber für jeden neuen Mitarbeiter.*

VERABSCHIEDUNG

Diese Tage sollten in Erinnerung bleiben (...).

Est 9,28

Ich erinnere mich in Liebe an die Achtung und freundliche Hochschätzung, die ihr mir entgegengebracht habt. (...)

2 Makk 9,21

<u>TIPP</u> *Der Seleukidenkönig Antiochus (2. Jh. v. Chr.) dankte dem Volk – und Sie danken Ihrem Team.*

Ich sinne nach über die Tage von einst, ich will denken an längst vergangene Jahre.

Ps 77,6

Zu viel Honig essen ist nicht gut: Ebenso spare mit ehrenden Worten!

Spr 25,27

Rühmen soll dich ein anderer, nicht dein eigener Mund, ein Fremder, nicht deine eigenen Lippen.

Spr 27,2

Ist der Mensch am Ende angelangt, steht er noch am Anfang (...).

Sir 18,7

Hör als Erster auf, wie es der Anstand verlangt (...).

Sir 31,17

<u>TIPP</u> *Eine Tischregel, die durchaus auch auf andere Bereiche des Lebens anwendbar ist.*

Wenn es Zeit ist, bleib nicht länger, geh nach Haus und sei nicht ausgelassen; dort sei lustig und überlass dich deiner Stimmung, in Gottesfurcht, nicht in Unverstand.

Sir 32,11-12

<u>TIPP</u> *Die Benimmregel für Festgäste kann ebenso gut für einen Ausstand bzw. eine Pensionierung gelten.*

(...) Wer frei ist von Arbeit, kann sich der Weisheit widmen.

Sir 38,24

(...) Ich werde Ruhe haben und mich nicht mehr ärgern.

Ez 16,42

Freut euch mit den Fröhlichen und weint mit den Weinenden.

Röm 12,15

DANKSAGUNG

(...) Der Herr möge dir mit Gutem vergelten, was du mir heute getan hast.

1 Sam 24,20

Ich will dir danken aus ganzem Herzen (...).

Ps 138,1

TIPP *Dieser Dank des Psalmdichters gilt eigentlich Gott.*

Kummer im Herzen bedrückt den Menschen, ein gutes Wort aber heitert ihn auf.

Spr 12,25

Der Freund erweist zu jeder Zeit Liebe, als Bruder für die Not ist er geboren.

Spr 17,17

Wer nach Gerechtigkeit und Güte strebt, findet Leben und Ehre.

Spr 21,21

Deinen Freund und deines Vaters Freund gib nicht auf (...). Besser ein Nachbar in der Nähe als ein Bruder in der Ferne.

Spr 27,10

Ein treuer Freund ist wie ein festes Zelt; wer einen solchen findet, hat einen Schatz gefunden. Für einen treuen Freund gibt es keinen Preis, nichts wiegt seinen Wert auf.

Sir 6,14-15

Wenn du Gutes tust, wisse, wem du es tust, dann wirst du Dank ernten für deine Wohltat.

Sir 12,1

Vergiss nie die Gefälligkeit des Bürgen, gab er doch sich selbst für dich hin.

Sir 29,15

Denn wer bittet, der empfängt; wer sucht, der findet; und wer anklopft, dem wird geöffnet.

Mt 7,8

TIPP *Der Vers aus der Bergpredigt beschreibt das Vertrauen, das man in Gott haben soll. In diesen Worten lassen sich aber auch gute Erfahrungen mit anderen Menschen beschreiben, nach dem Motto: Es stimmt, was in der Bibel steht ...*

Darum höre ich nicht auf, für euch zu danken, wenn ich in meinen Gebeten an euch denke.

Eph 1,15

Ich danke meinem Gott jedesmal, wenn ich an euch denke.

Phil 1,3

TRAUERFALL

Muss ich auch wandern in finsterer Schlucht, ich fürchte kein Unheil; denn du bist bei mir, dein Stock und dein Stab geben mir Zuversicht.

Ps 23,4

Bei Gott allein kommt meine Seele zur Ruhe, von ihm kommt mir Hilfe. Nur er ist mein Fels, meine Hilfe, meine Burg; darum werde ich nicht wanken.

Ps 62,2-3

Du (Gott) umschließt mich von allen Seiten und legst deine Hand auf mich. (...) Steige ich hinauf in den Himmel, so bist du dort; bette ich mich in der Unterwelt, bist du zugegen. Nehme ich die Flügel des Morgenrots und lasse mich nieder am äußersten Meer, auch dort wird deine Hand mich ergreifen und deine Rechte mich fassen. Würde ich sagen: „Finsternis soll mich bedecken, statt Licht soll Nacht mich umgeben", auch die Finsternis wäre für dich nicht finster, die Nacht würde leuchten wie der Tag, die Finsternis wäre wie Licht.

Ps 139,5.8-12

Ich weiß, Herr, dass der Mensch seinen Weg nicht zu bestimmen vermag, dass keiner beim Gehen seinen Schritt lenken kann.

Jer 10,23

Jesus spricht: Ich bin die Auferstehung und das Leben. Wer an mich glaubt, wird leben, auch wenn er stirbt.

Joh 11,25

Denn alles Sterbliche ist wie Gras und all seine Schönheit ist wie die Blume im Gras. Das Gras verdorrt und die Blume verwelkt; doch das Wort des Herrn bleibt in Ewigkeit. (...)

1 Petr 1,24-25

TIPP *Die Vergänglichkeit des Menschen wird oft in Bildern der Natur geschildert. Dieses Zitat eignet sich gut, wenn Sie eine Ansprache zu einem Trauerfall halten müssen. Übrigens: Johannes Brahms hat die Verse in seinem „Deutschen Requiem" vertont – eine ergreifende musikalische Reflexion über die Vergänglichkeit.*

FEIERTAG UND FEST

Du sollst auch das Fest der Ernte, des ersten Ertrags deiner Aussaat auf dem Feld, halten, ebenso das Fest der Lese am Ende des Jahres, wenn du den Ertrag deines Feldes eingebracht hast.

Ex 23,16

TIPP *Eine beendete Arbeit muss gefeiert werden.*

Sechs Tage sollst du arbeiten, am siebten Tag sollst du ruhen; selbst zur Zeit des Pflügens und des Erntens sollst du ruhen.

Ex 34,21

TIPP *Der Ursprung unseres wöchentlichen Ruhetags liegt im Alten Testament.*

In einer öffentlichen Abstimmung beschlossen alle einstimmig, diesen Tag nicht ohne Feier vergehen zu lassen, sondern ihm einen besonderen Rang zu verleihen. (...)

2 Makk 15,36

TIPP *Manchmal muss man sich das Feiern eben selbst verordnen.*

Wo man singt, schenk nicht kluge Reden aus! Was willst du zur Unzeit den Weisen spielen?

Sir 32,4

(...) Der Sabbat ist für den Menschen da, nicht der Mensch für den Sabbat.

Mk 2,27

TIPP *Schon Jesus legte Wert darauf, dass religiöse Vorschriften kein Selbstzweck sind.*

BUFFET UND UMTRUNK

(...) Man soll die Beute gleichmäßig verteilen.

1 Sam 30,24

TIPP *Das ordnete David, der spätere König von Juda und Israel, nach einem Feldzug an. Seine Söldner wollten die Beute nämlich unter sich aufteilen und in der Etappe nichts abgeben.*

Ein Zuchtloser ist der Wein, ein Lärmer das Bier; wer sich hierin verfehlt, wird nie weise.

Spr 20,1

Also: Iss freudig dein Brot und trink vergnügt deinen Wein (...).

Koh 9,7

Wie ein Lebenswasser ist der Wein für den Menschen, wenn er ihn mäßig trinkt. Was ist das für ein Leben, wenn man keinen Wein hat, der doch von Anfang an zur Freude geschaffen wurde? Frohsinn, Wonne und Lust bringt Wein, zur rechten Zeit und genügsam getrunken. Kopfweh, Hohn und Schimpf bringt Wein, getrunken in Erregung und Zorn. Zu viel Wein ist eine Falle für den Toren, er schwächt die Kraft und schlägt viele Wunden. Beim Weingelage nörgle nicht am Nachbarn herum, verspotte ihn nicht, wenn er heiter ist. Sag zu ihm kein schmähendes Wort und streite mit ihm nicht vor den Leuten!

Sir 31,27-31

Weh euch, die ihr schon früh am Morgen hinter dem Bier her seid und sitzen bleibt bis spät in die Nacht, wenn euch der Wein erhitzt.

Jes 5,11

Er wandert umher, verdrossen und hungrig. Und wenn er hungert, dann wird er wütend (...).

Jes 8,21

TIPP *Deshalb: Das Buffet ist eröffnet!*

Sogar diese hier schwanken, berauscht vom Wein, und taumeln, betäubt vom Bier. Priester und Propheten schwanken vom Bier, sind überwältigt vom Wein. Sie taumeln vom Bier, sie schwanken bei ihren Visionen, sie torkeln, wenn sie ihr Urteil verkünden.

Jes 28,7

(...) Kommt her, ich hole Wein. Wir trinken uns voll mit Bier. Und wie heute, so soll es auch morgen sein; hoch soll es hergehen.

Jes 56,12

(...) Unsere versprochenen Gelübde werden wir gewissenhaft erfüllen und der Himmelskönigin Rauchopfer und Trankopfer darbringen. (...)

Jer 44,25

TIPP *Die Juden brachten zeitweise auch den heidnischen Göttern Opfer dar. Jeremia wetterte gegen diese Rauch- und Trankopfer so wie heute die Gesundheitsminister gegen das Zigarettenrauchen (das Trinken ist ja weniger geächtet). Rauchopfer bestanden in der Frühzeit aus den Fettpartien eines Schlachttieres, später verbrannte man sorgsam zusammengestellte Mischungen aus Weihrauch, Pflanzenharzen und anderen Materialien. Beim Trankopfer wurden Wasser, Öl oder Wein an den Altar oder an geweihte Orte gegossen. So sollten der Gottheit ein Teil ihrer Gaben zurückgegeben werden, ähnlich wie beim heutigen Erntedankfest.*

Wer Fleisch isst, verachte den nicht, der es nicht isst; wer kein Fleisch isst, richte den nicht, der es isst. (...)

Röm 14,3

TIPP Zur römischen Gemeinde gehörten jüdische und griechische („heidnische") Christen. Erstere beachteten auch als Christusgläubige noch die alten jüdischen Speise- und Reinheitsgebote – ein zunehmender Streitpunkt im täglichen Miteinander. Paulus musste einschreiten und zu Toleranz aufrufen (siehe dazu im Anhang die Erläuterungen zum Römerbrief).

Trink nicht nur Wasser, sondern nimm auch etwas Wein (...).

1 Tim 5,23

VI. DIES UND DAS ZUM ABSCHLUSS

Bei der Entstehung dieses Buches sind ein paar Zitate übrig geblieben, um die es schade wäre, wenn sie fehlen müssten. So folgt nun zum Abschluss noch Heiteres und Ernstes. Manches eignet sich nicht unbedingt zum Zitieren, macht aber Spaß zu lesen. Anderes wiederum ist einfach nur informativ. In diesem Sinne viel Vergnügen bei der Lektüre!

IRONISCHE SELBSTAUSSAGEN

Gibt es bei mir nicht schon genug Verrückte (...)?

1 Sam 21,16

Gäbe es doch einen, der mich hört. (...)

Hiob 31,35

Gott, du kennst meine Torheit, meine Verfehlungen sind dir nicht verborgen.

Ps 69,6

Zu wunderbar ist für mich dieses Wissen, zu hoch, ich kann es nicht begreifen.

Ps 139,6

TIPP *Dieser Vers ist Teil eines sehr lesenswerten Psalms, der ganz poetisch beschreibt, wie der Mensch bei Gott geborgen ist.*

Ich blicke nach rechts und schaue aus, doch niemand ist da, der mich beachtet. (...)

Ps 142,5

Der Löwe brüllt – wer fürchtet sich nicht? (...)

Amos 3,8

(...) Ich bin kein Prophet, ich bin nur ein Mann, der seinen Acker bebaut (...).

Sach 13,5

Alle sahen ihn und erschraken. (...)

Mk 6,50

(...) Ich sehe Menschen; denn ich sehe etwas, das wie Bäume aussieht und umhergeht.

Mk 8,24

TIPP *So sprach ein Blinder, nachdem Jesus ihn heilte.*

(...) Zu schwerer Arbeit tauge ich nicht (...).

Lk 16,3

Als er zu ihnen sagte: Ich bin es!, wichen sie zurück und stürzten zu Boden.

Joh 18,6

TIPP *Hintergrund ist die dramatische Verhaftungsszene im Garten Gethsemane in der Version des Johannes-Evangeliums.*

STAAT UND STEUERN

Da sagte Jesus zu ihnen: So gebt dem Kaiser, was dem Kaiser gehört, und Gott, was Gott gehört! Und sie waren sehr erstaunt über ihn.

Mk 12,17

TIPP *Die Pharisäer hatten Jesus gefragt, ob man als Gottesgläubiger Steuern zahlen müsse. Die damaligen Münzen trugen Bild und Namenszug des römischen Kaisers – was ein Affront gegen das jüdische Bilderverbot und die Weigerung war, den Kaiser kultisch zu verehren. Jesus nun verwies auf Bild und Inschrift und sagte, diese zeigten, dass die Münzen dem Kaiser zuständen. Gott beanspruche den Menschen für sich, nicht dessen Geld. Aus dieser Aussage Jesu eine scheinbar unkritische Haltung des Christen gegenüber jeder Staatsmacht – auch einer unrechtmäßigen und diktatorischen – abzuleiten, wäre allerdings eine Fehlinterpretation. Jesus rechnete gar nicht damit, dass es noch lange so etwas wie Staat, Kaiser und Steuern geben werde, weil ja bald das Reich Gottes kommen würde.*

Gebt allen, was ihr ihnen schuldig seid, sei es Steuern oder Zoll, sei es Furcht oder Ehre.

Röm 13,7

TIPP *Auch Paulus lebte in der Erwartung, dass der irdische Staat bald vom Reich Gottes abgelöst würde. Seine Aufforderung an die Christen, sich den staatlichen Ordnungen zu unterwerfen (Röm 13,1-7), begründete er damit, dass diese Ordnungen von Gott eingesetzt seien, um das Zusammenleben der Menschen in dieser irdischen Welt der Sünde zu regeln und verträglich zu gestalten. Mit der bald erwarteten Wiederkehr des Messias, so Paulus, würden diese Instan-zen aber überflüssig. Paulus starb vermutlich 64 n. Chr. unter Nero.*
Knapp 20 Jahre später entstand das Lukas-Evangelium – hier finden sich dann deutliche Anzeichen, dass die Christen sich allmählich mit dem Gedanken vertraut machten, noch ein wenig länger in dieser Welt leben und sich darin einrichten zu müssen.

SCHLECHTE UMGANGSFORMEN

(...) Was bedeutet dieser Lärm? (...)

1 Sam 4,14

TIPP *Eine zeitlose Frage.*

Wenn du jemand begegnest, so grüß ihn nicht; und wenn dich jemand grüßt, so antworte ihm nicht!

2 Kön 4,29

TIPP *Leiden die Umgangsformen in Ihrem Team? Dann ist diese Aufforderung des Propheten Elischa (ca. 800 v. Chr.) an seinen Knecht Gehasi das Mittel der Wahl, um diesen Missstand ironisch anzusprechen. Elischa damals meinte seinen Befehl allerdings bitterernst.*

Wer seinen Nächsten zu laut begrüßt, dem wird es frühmorgens als Verwünschung ausgelegt.

Spr 27,14

TIPP *Dieser Vers spricht allen Morgenmuffeln aus der Seele. Nichts ist unerträglicher als penetrant gute Laune zu unchristlich früher Tageszeit.*

Seines Donners Stimme lässt die Erde beben.

Sir 43,17

Die Türschwellen bebten bei ihrem lauten Ruf (...).

Jes 6,4

TIPP *Die Rede ist von den Serafim, feurigen Engelsgestalten.*

Könnt ihr denn nicht zu Hause essen und trinken? (...)

1 Kor 11,22

TIPP *Immer dieses Frühstücken über der Tastatur! Eine Untersuchung ergab kürzlich, dass durchschnittliche Büroschreibtische extrem verkeimt sind. Die Forscher führten das auf die Angewohnheit der Schreibtischtäter zurück, ihr Essen am Arbeitsplatz einzunehmen. – Der Hintergrund der Paulus-Ermahnung ist ein anderer: Ursprünglich umrahmte das Abendmahl die gemeinsame Mahlzeit der ersten Christen: das Brotbrechen zu Beginn, das Trinken aus dem Kelch zum Schluss der Mahlzeit. In Korinth hatte es sich jedoch eingebürgert, dass die reichen Gemeindemitglieder schon ihre mitgebrachten Speisen verzehrten, bevor alle versammelt waren. Die Armen, wenn sie dann später eintrafen, bekamen nichts mehr vom eigentlichen Essen ab.*

DIENSTREISEN

Wüstenhunde und Hyänen begegnen sich hier (...). Auch Geier sammeln sich hier, einer neben dem andern.

Jes 34,14-15

TIPP *So wird das Land Edom (die Region südwestlich des Toten Meers) nach Gottes Strafgericht aussehen – sagt zumindest der Prophet Jesaja. Heute liegt Edom bevorzugt am Rande der Autobahn oder an ähnlich trüben Orten, an denen man auf Dienstreisen manchmal zu übernachten gezwungen ist ...*

Die Einheimischen waren uns gegenüber ungewöhnlich freundlich (...).

Apg 28,2

TIPP *So berichtete Paulus von Malta und so leiten Sie, falls es passt, den Bericht von Ihrer jüngsten Dienstreise ein – Lacher sind garantiert.*

KRANKHEIT

In den Rücken fährt ihm Gottes Geschoss, ein Blitz in seine Galle. Schrecken gehen über ihn hin.

Hiob 20,25

Ein fröhliches Herz tut dem Leib wohl, ein bedrücktes Gemüt lässt die Glieder verdorren.

Spr 17,22

Mein Sohn, prüfe dich in deiner Lebensweise, beobachte, was dir schlecht bekommt, und meide es! Denn nicht alles ist für alle gut, nicht jeder kann jedes wählen.

Sir 37,27-28

Schätze den Arzt, weil man ihn braucht; denn auch ihn hat Gott erschaffen.

Sir 38,1

Wer gegen seinen Schöpfer sündigt, muss die Hilfe des Arztes in Anspruch nehmen.

Sir 38,15

ANHANG

WENN SIE MEHR WISSEN WOLLEN

ERLÄUTERUNGEN ZU DEN BIBLISCHEN BÜCHERN

Genesis/1. Buch Mose (Gen)

Das erste Buch Mose – griechisch Genesis („Entstehung") – erzählt von der Entstehung der Welt und greift dabei Schöpfungsmythen aus Ägypten und dem Zweistromland auf (Kap 1–11). Darauf folgen die Erzvätergeschichten von Abraham, Isaak, Jakob und seinen Söhnen (Kap 12–50). Die politischen, sozialen und kulturellen Merkmale dieser Erzählungen zeigen, dass ihre Ursprünge im zweiten Jahrtausend v. Chr. liegen. Sie sind nicht historisch zu verstehen, sondern als Glaubenszeugnisse, die rückblickend die Geschichte Gottes mit den Menschen darstellen wollen. Wie in fast allen Büchern des Alten und Neuen Testaments sind auch hier mehrere literarische Quellen und Bearbeitungsschichten zusammengefügt. Sie entstammen ganz verschiedenen Jahrhunderten und unterscheiden sich voneinander durch ihre Wortwahl und die dahinter liegenden Vorstellungen und Überzeugungen.

Exodus/2. Buch Mose (Ex)

Das zweite Buch Mose – griechisch Exodus („Auszug") – schildert die Knechtschaft Israels unter dem Pharao und den Auszug aus Ägypten bis zur Verkündung der zehn Gebote am Berg Sinai. Auch hier darf man wieder keine historische Genauigkeit voraussetzen. Die Forschung hat aber ergeben, dass die Grundzüge des Erzählten – Frondienst in Ägypten, Flucht und Wanderung durch die Wüste – auf Tatsachen beruhen und dass wohl ein Teil des Volkes Israel, wie es sich später in Palästina ansiedelt, durch die Wüste dorthin gekommen ist. Das Buch Exodus hat für Juden und Christen große Bedeutung: Es erzählt, wie Gott die Gläubigen aus der Knechtschaft befreit und ihnen eine neue Heimat gibt – für Christen ist dies ein frühes Abbild der Erlösung, die Jesus gebracht hat. Das Buch berichtet aber auch davon, wie die Menschen Gott immer wieder untreu werden.

Leviticus/3. Buch Mose (Lev)

Das dritte Buch Mose – lateinisch Leviticus nach dem israelitischen Priesterstamm der Leviten – ist sehr trocken zu lesen, weil es fast nur Gesetzes- und Kultvorschriften enthält. Die Vorschriften sollen die religiöse „Reinheit“ der Israeliten sichern. Sie enthalten zum einen Regeln, die in der gesamten altorientalischen Gesellschaft aus hygienischen oder ökonomischen Gründen sinnvoll waren. Und sie verbieten dem Volk Israel darüber hinaus alle religiösen Bräuche seiner heidnischen Umgebung.

Numeri/4. Buch Mose (Num)

Das vierte Buch Mose heißt lateinisch Numeri („Zahlen“), weil es mit der Musterung der wehrfähigen Israeliten beginnt. Es schildert, was das Volk Israel erlebt, während es unter der Führung des Mose durch die Wüste und das Ostjordanland zieht. Hier findet sich zum Beispiel auch die hübsche Geschichte von dem heidnischen Seher Bileam, der das herannahende Volk Israel verfluchen soll und von seinem sprechenden Esel daran gehindert wird (Num 22–24).

Deuteronomium/5. Buch Mose (Dtn)

Das fünfte Buch Mose heißt griechisch Deuteronomium, „zweites Gesetz“ – eine falsche Übersetzung des hebräischen Begriffs „Abschrift des Gesetzes“: In diesem Buch verkündet Mose vor seinem Tod noch ein zweites Mal das Gesetz vom Berg Sinai. Das Deuteronomium schließt die Geschichte des Mose ab. Gleichzeitig bildet es den Auftakt zu einer neuen Erzählung, die bis zum zweiten Buch der Könige reicht und die gesamte

Geschichte Israels von der Sesshaftwerdung in Kanaan bis zum Babylonischen Exil (6. Jh. v. Chr.) behandelt.

Josua (Jos)

Das Buch ist nach Josua, dem Nachfolger des Mose, benannt. Er führte das Volk Israel in das gelobte Land Kanaan westlich des Jordans hinein – was natürlich nicht ohne kriegerische Auseinandersetzungen mit den hier ansässigen Kanaanitern vor sich ging.

1. und 2. Buch der Könige (1 Kön, 2 Kön)

Die Königsbücher beginnen mit der Machtübergabe von König David an seinen Sohn Salomo (ca. 965 v. Chr.). Schon wenig später, 931, teilte sich Israel in ein Nordreich (genannt Israel) und ein Südreich (genannt Juda). Die beiden Reiche wurden nacheinander von den Assyrern (heute Nordirak) und den Babyloniern (heute Südirak bis Bagdad) besiegt: 723 fiel Israel, 597/586 Juda. Die Bibel deutet diese Niederlagen und anschließenden Verschleppungen als Strafen Gottes für sein ungläubiges Volk. So traten denn auch immer wieder Propheten auf, die das Volk zur Umkehr mahnten oder es trösteten, indem sie Gottes Verzeihung verkündeten (z. B. Jesaja und Jeremia). Die Königsbücher enden ca. 560 v. Chr., ein Ende des Exils war da noch nicht in Sicht.

Esra (Esr) und Nehemia (Neh)

Die Bücher Esra und Nehemia berichten davon, wie sich die Juden nach ihrer Rückkehr aus dem Babylonischen Exil wieder in Jerusalem ansiedelten und den Tempel neu aufbauten. 539 v. Chr. hatte nämlich der Perserkönig Kyros II. die Babylonier besiegt, in der Folgezeit kehrten die Juden in ihre Heimat zurück.

Tobit (Tob)

Das Buch erzählt von dem frommen Israeliten Tobit, der nach dem Untergang des Nordreichs in Assyrien lebt und dort seinen Glauben bewähren muss. Es wurde im 2. Jh. v. Chr. verfasst, die Handlung spielt aber Jahrhunderte früher. Das Buch gehörte nicht zum hebräischen Kanon (unser Altes Testament), wohl aber zu dessen griechischer Übersetzung, der „Septuaginta". Deshalb nimmt es auch in der christlichen Bibel eine Randstellung ein: Es gehört zu den so genannten Apokryphen (wörtlich: „Verborgene Schriften"), ebenso wie das Buch Judit, die Makkabäerbücher, die Weisheit Salomos, das Buch Jesus Sirach und einige andere. In protestantischen Bibeln sind diese Apokryphen oft nicht enthalten, auch wenn Martin Luther sie als „nützlich und gut zu lesen" empfiehlt.

Judit (Jdt)

Die fromme Heldin des gleichnamigen Buches überlistet den feindlichen Feldherrn Holofernes und rettet so ihre Heimatstadt. Das Buch, im 2. Jh. v. Chr. in Palästina verfasst, enthält zahlreiche historische Widersprüche. Es will aber auch keine Geschichtsschreibung bieten, sondern aufzeigen, wie Gott dem Gläubigen gegen dessen Feinde hilft. Es gehört zu den Apokryphen (siehe oben zu Tobit).

Ester (Est)

Wie im Buch Judit geht es auch hier um eine fromme Jüdin, die es verhindern kann, dass ihr Volk verfolgt wird. Die Erzählung entstand etwa um 300 v. Chr.

1. und 2. Makkabäerbuch (1 Makk, 2 Makk)

Diese beiden apokryphen Bücher schildern die Kämpfe der Juden um ihre politische und religiöse Freiheit gegen die griechische Seleukidenherrschaft im 2. Jh. v. Chr. Benannt sind sie nach dem Ehrennamen „Makkaba" (hebräisch „Hämmerer"), den der Held Judas Makkabäus trug.

Hiob (Hiob)

Das Buch Hiob existiert seit ca 200 v. Chr., enthält aber auch ältere Stoffe. Es erzählt, wie der fromme und gerechte Hiob durch Schicksalsschläge in Versuchung geführt wird, vom Glauben abzufallen. Hiob hadert zwar mit Gott, ergibt sich dann aber in dessen Willen – und das, obgleich er von Gott keine Antwort auf die Fragen nach dem „Warum" seines Leidens erhält. Mit dieser Tragik gehört Hiob zu den großen literarischen Gestalten der Menschheit. Das Hiobbuch selbst ist Teil der so genannten Weisheitsliteratur in der Bibel. Weisheitsschriften gab es im gesamten Alten Orient: Sie enthielten Sprichwörter über das menschliche Verhalten und formulierten Einsichten über die Gesetzmäßigkeiten in der Welt. In der Bibel gehören auch die Psalmen, die Sprüche Salomos, Kohelet, das Hohelied, die Weisheit Salomos und Jesus Sirach zur Weisheitsliteratur.

Psalmen (Ps)

Das Buch der Psalmen (hebr. „Buch der Preisungen") enthält in seinen ältesten Teilen Lieder, die als Gotteslob im Gottesdienst gesungen wurden. Zu den Lobliedern kamen mit den Jahrhunderten auch Klage-, Bitt- und Dankgebete hinzu und das Psalmenbuch wandelte sich vom Gesangbuch zu einem Gebets- und Meditationsbuch. Seine heutige Gestalt erhielt es wohl um 400 v. Chr.

Sprüche (Salomos)/Sprichwörter (Spr)

So weise der berühmte König Salomo auch gewesen sein mag: Dass die vielen Sprichwörter dieser Sammlung alle von ihm stammen, ist nur Legende. Die meisten Sprichwörter haben ihre Wurzeln im Volksmund und sind oft etwas drastisch, dabei voller Witz. Auch viele deutsche Sprichwörter fallen darunter, so etwa das von der selbst gegrabenen Grube, in die man hineinfällt. Die Endfassung des Buches dürfte zwischen 500 und 200 v. Chr. entstanden sein.

Kohelet/Prediger Salomo (Koh)

„Prediger Salomo" nannte Luther den Verfasser dieser Schrift, der sich selbst als „Kohelet" vorstellt. Die Wissenschaft streitet, ob der Name „Versammlungsredner" bedeutet oder aber „Skeptiker". Letzteres träfe zumindest inhaltlich voll zu. Kohelet ist der große Zweifler in der Bibel. Wer sein Büchlein liest, könnte depressiv werden, weil darin alles als sinnlos und als ein „Haschen nach Wind" beschrieben wird. Das Buch ist wohl um 300 v. Chr. entstanden.

Weisheit Salomos (Weish)

Als ein gebildeter Jude im ägyptischen Exil dieses Büchlein schrieb, waren es nur noch rund 80 Jahre bis zur Geburt Jesu. Trotzdem spricht der Verfasser in der Rolle des wesentlich älteren Königs Salomo. Das Buch gehört zu den Apokryphen (siehe oben zu Tobit).

Jesus Sirach (Sir)

Als Verfasser dieser um 180 v. Chr. in Jerusalem entstandenen Sammlung von Sprüchen und Lebensregeln wird Jesus, Enkelsohn des Sirach, genannt. Das Buch, das auch zu den Apokryphen gehört, hängt inhaltlich eng mit den Sprichwörtern zusammen.

Jesaja (Jes)

Der Prophet Jesaja (ca. 740–701 v. Chr.) verkündete das Wort Gottes im israelitischen Südreich Juda. (Das Großreich des Königs David war seit 931 v. Chr. geteilt, das Nordreich Israel 723 gefallen.) Jesaja ermahnte den König und das Volk immer wieder, auf Gott zu vertrauen und sich nicht mit den feindlichen Assyrern zu verbünden. Außerdem forderte er soziale Gerechtigkeit für die Armen. Er richtete seine Drohreden aber nicht nur gegen das eigene Volk, sondern auch gegen dessen Nachbarn und Feinde – woraus dann wieder eine Verheißung für Israel wurde. Für die Christen sind Jesajas Worte wichtig, weil er den Messias ankündigte (z. B. Jes 7; 9,1–6; 11).

Heute weiß man, dass nur die Kapitel 1 bis 39 dem Propheten Jesaja zuzuschreiben sind. Kap. 40 bis 55, der so genannte Deuterojesaja, spielt über hundert Jahre später: Das Südreich war von den Babyloniern besiegt, das Volk im Exil. Jetzt trat im Gewand Jesajas wieder ein Prophet auf. Aber er drohte nicht, sondern kündigte die Rettung an. Und tatsächlich durfte das Volk ja ab 539 v. Chr. in die Heimat zurückkehren.

Jeremia (Jer)

Der Prophet Jeremia (ca. 650–586 v. Chr.) erlebte mit, wie die Babylonier das Südreich zu Fall brachten. Er starb im ägyptischen Exil. Wie Jesaja warnte auch Jeremia vor Unglauben und falscher Bündnispolitik. Weil niemand auf ihn hörte und er im Gegenteil noch verfolgt wurde, verzweifelte er selbst fast an Gott. Als seine Landsleute nach Babylonien verschleppt wurden, versuchte er sie in Briefen zu trösten.

Klagelieder (Klgl)

Die Klagelieder dürften in Jerusalem bald nach der Zerstörung des Tempels 586 v. Chr. entstanden sein. Sie werden fälschlich dem Propheten Jeremia zugeschrieben.

Baruch (Bar)

Baruch hieß der Sekretät des Propheten Jeremia. Er soll diese Textsammlung verfasst haben, was aber nicht stimmt. Das Buch gehört zu den Apokryphen (siehe dazu oben zu Tobit).

Ezechiel/Hesekiel (Ez)

Der Prophet Ezechiel wirkte von 592 bis 571 v. Chr. und erlebte die Deportation nach Babylon mit. Er genoss hohes Ansehen, trotzdem hörten die Menschen nicht auf ihn. Ezechiel war Visionär, sein Wirken verband sich mit Entrückungszuständen wie Stummheit und Lähmungen.

Daniel (Dan)

Dieses Buch ist das jüngste im Alten Testament. Am bekanntesten daraus: die Geschichte von Daniels Überleben in der Löwengrube (Kap. 6).

Hosea (Hos)

Der Prophet Hosea trat zwischen 750 und 724 v. Chr. im Nordreich Israel auf. Er warnte das abtrünnige Volk vor dem Zorn Gottes – der sich denn auch wenig später im Untergang des Nordreiches äußern sollte.

Joel (Joel)

Das nach dem Propheten Joel benannte Buch ist im 5. oder 4. Jh. v. Chr. im Jerusalemer Raum entstanden.

Amos (Am)

Amos war der erste Prophet, dessen Sprüche gesammelt und niedergeschrieben wurden. Er trat zwischen 760 und 750 v. Chr. im Nordreich auf und betonte vor allem, dass zum Glauben an Gott auch soziale Gerechtigkeit und Fürsorge für die Armen gehören.

Obadja (Obd)

Das Buch des Propheten Obadja (ca. 6. Jh. v. Chr.) ist mit 21 Versen das kürzeste des Alten Testaments.

Micha (Mi)

Der Prophet Micha trat um 720 v. Chr. im Südreich Juda auf.

Habakuk (Hab)

Der Prophet Habakuk wirkte um 600 v. Chr. im Südreich Juda. Er drückte sich rhetorisch sehr gewählt aus und verwendete in seinen Reden eindrucksvolle Bilder.

Sacharja (Sach)

Der Prophet Sacharja trat ca. 520 v. Chr. in Jerusalem auf.

Matthäus-Evangelium (Mt)

Das erste – aber nicht älteste – Evangelium ist um 80 n. Chr. in griechischer Sprache verfasst worden. Der Name des Verfassers spielt auf einen der zwölf Apostel an. Trotzdem ist der Verfasser nicht im Kreis dieser Apostel zu suchen, sondern war vermutlich einer ihrer Schüler. Wahrscheinlich wurde das Buch auch nicht in der Heimat Jesu, in Palästina, geschrieben, sondern in Syrien. Matthäus hat die Überlieferungen über Jesus, vor allem aber dessen Worte, gesammelt. Dieses Material hat er in den Aufbau des älteren Markus-Evangeliums eingeordnet, das ihm ebenfalls schon vorlag.

Markus-Evangelium (Mk)

Dieses Evangelium ist das älteste uns bekannte. Es wurde um ca. 70 n. Chr. in griechischer Sprache verfasst (Jesus selbst sprach Aramäisch). Für das Matthäus- und das Lukas-Evangelium diente es als Vorlage. Der Überlieferung nach soll das Buch in Rom verfasst worden sein, aber Syrien kommt ebenso in Frage. Markus schreibt für nichtjüdische (griechische) Christen – das erkennt man daran, dass er seinen Lesern jüdische Bräuche und aramäische Spezialausdrücke erklärt.

Lukas-Evangelium (Lk)

Dieses Evangelium ist ca. 80 bis 90 n. Chr. in Kleinasien oder Griechenland entstanden. Sein Verfasser wendet sich ausdrücklich an gebildete nichtjüdische (griechische) Christen.

Johannes-Evangelium (Joh)

Das vierte Evangelium ist schwerer verständlich als die anderen: Die äußeren Ereignisse treten hier sehr zurück hinter den Reden Jesu, in denen dieser sein Verhältnis zu Gott schildert (z. B. Kap 14,6: „Ich bin der Weg, die Wahrheit und das Leben …"). Vermutlich ist das Johannes-Evangelium über einen längeren Zeitraum entstanden und hat seine jetzige Gestalt Anfang des 1. Jh. n. Chr. gefunden – also rund 70 Jahre nach Jesu Tod.

Apostelgeschichte (Apg)

Dieses Buch, das dem Evangelisten Lukas zugeschrieben wird, berichtet von den Taten der Apostel, vor allem Petrus und Paulus. Es schildert hauptsächlich die allmähliche Ablösung der Christen von den Juden. Am Ende sind Kirche und Judentum zwei klar voneinander abgegrenzte Glaubensgemeinschaften – was ja bis heute so ist.

Römerbrief (Röm)

Der Apostel Paulus hat den Brief an die Christen in Rom 56 n. Chr. geschrieben. Weil über ihn so manche Gerüchte verbreitet wurden und die römische Gemeinde ihn nicht persönlich kannte, stellte er sich ihr in diesem Brief förmlich vor. Außerdem erläuterte er seine Sicht des Evangeliums. In der römischen Gemeinde lebten jüdische und „heidnische" Gläubige zusammen. Die „Heidenchristen" waren keine Juden, sondern Griechen oder Römer. Deshalb schrieb Paulus auch etwas darüber, wie sich diese nichtjüdischen Christen zu den strengeren jüdischen Speisegeboten verhalten sollten. Er ermahnte die freier denkenden Nichtjuden, ihre jüdischen Glaubensbrüder nicht zu provozieren und in Konflikte zu bringen: „Achtet vielmehr darauf, dem Bruder keinen Anstoß zu geben und ihn nicht zu Fall zu bringen." (Röm 14,13) Weil der Römerbrief der längste unter allen Paulusbriefen ist, hat man ihn später an den Anfang der Briefsammlung gestellt.

1. und 2. Korintherbrief (1 Kor, 2 Kor)

Die Stadt Korinth liegt am Übergang der Peloponnes nach Zentralgriechenland. Seinen ersten Brief an die dortigen Christen hat Paulus ca. 53–55 n. Chr. geschrieben, um Fragen zu klären, über die in der korinthischen Gemeinde Streit herrschte (z. B. ob man als Christ vor nichtchristliche Gerichte gehen darf). Der zweite Korintherbrief entstand wohl im Spätherbst 55 n. Chr.

Galaterbrief (Gal)

Die „Galater“ sind Nachkommen der 279 v. Chr. nach Kleinasien eingedrungenen Kelten. Paulus schrieb an sie ca. 53–55 n. Chr.

Epheserbrief (Eph)

Dieser Brief ist ein Rundschreiben an die Gemeinden in Kleinasien oder einfach eine theologische Abhandlung. Vermutlich wurde er von einem Schüler des Paulus ca. 100. n. Chr. verfasst.

Philipperbrief (Phil)

Diesen Brief an die Gemeinde in Philippi schrieb Paulus während seiner Gefangenschaft in Ephesus, ca. 55 n. Chr.

Kolosserbrief (Kol)

Der Brief an die Christen in Kolossä stammt, wie schon der Epheserbrief, vermutlich nicht vom Apostel Paulus selbst, sondern von einem Schüler.

1. Thessalonicherbrief (1 Thess)

Dieser Brief an die Gemeinde von Thessaloniki ist der älteste uns erhaltene Paulusbrief (ca. 50 n. Chr.).

1. und 2. Timotheusbrief (1 Tim, 2 Tim)

Diese Briefe stammen ganz sicher nicht von Paulus, sie sind vermutlich weit nach 100 n. Chr. entstanden.

Hebräerbrief (Hebr)

Der Brief richtet sich an jüdischstämmige Christen (daher „Hebräer“) und ist vermutlich 85–95 n. Chr. entstanden. Damit scheidet Paulus als Verfasser aus – der Apostel starb unter Nero, vermutlich 64 n. Chr.

Jakobusbrief (Jak)

Mit „Jakobus“ ist der Bruder Jesu gemeint, der nach Ostern zur Jerusalemer Kerngemeinde gehörte. In diesem Umfeld ist der Brief wohl auch wirklich entstanden, aber vermutlich erst um 100 n. Chr.

1. und 2. Petrusbrief (1 Petr, 2 Petr)

Petrus starb 64 oder 67 n. Chr. unter Nero. Ob diese Briefe wirklich von ihm stammen, ist nicht sicher.

1., 2. und 3. Johannesbrief (1 Joh, 2 Joh, 3 Joh)

Diese Briefe, die gedanklich dem Johannes-Evangelium ähneln, sind wohl Ende des 1. Jh. entstanden.

Offenbarung des Johannes (Offb)

Dieses letzte Buch des Neuen Testaments wird nach seinem griechischen Namen auch „Apokalypse" (Enthüllung) genannt. Es entstand gegen Ende des 1. Jh., als die Christen in politische Schwierigkeiten gerieten, weil der römische Kaiser Domitian verlangte, dass man ihn anbete. Als typische Apokalypse enthält das Buch Visionen, die den Glauben und die Bereitschaft zum Martyrium stärken sollen.

STICHWORTVERZEICHNIS